연세 한국어 1-1

연세대학교 한국어학당 편

연세대학교 대학출판문화원

연세 한국어 1-1 (일본어판)

연세대학교 한국어학당 교재편찬위원회
김미옥 · 황인교 · 손은경 · 이수민
연세대학교 대학출판문화원

서울시 서대문구 연세로 50
2123-3380~2
2123-8673
e-mail : ysup@yonsei.ac.kr
http://www.yonsei.ac.kr/press
1955년 10월 13일 제9-60호
(주)동국문화
더그라프
디투웍스
(주)반도음반
곽윤상 · 윤미나 · 전광주 · 홍소영

2013년 3월 5일 1판 1쇄 2018년 12월 28일 1판 5쇄
ISBN 978-89-97578-68-9(08710)
ISBN 978-89-97578-67-2(08710)(세트)

값 20,000원(CD 포함)

はじめに

韓国内で最高の名声を誇り、韓国語教育50年の伝統を受け継いできた延世大学校言語研究教育院韓国語学堂では、韓国語教育の質を高めるために、その間、多くの教材を編纂してきた。最近、韓国と韓国文化に対する関心が世界の人々の間で高まり、韓国語を学ぼうとする海外の同胞と外国人が増え、韓国語教材に対する学習者の要求も多様になってきた。このたび延世大学校言語研究教育院韓国語学堂では、そういった多様な学習者たちを対象に、韓国文化を学ぶことができる、新しい教材を刊行することになった。

延世大学校言語研究教育院韓国語学堂から刊行されるこの教材は、初級学習者のための『延世韓国語1』と『延世韓国語2』、中級学習者のための『延世韓国語3』と『延世韓国語4』、上級学習者のための『延世韓国語5』と『延世韓国語6』の全6巻からなっている。各教材は、学習者の韓国語の能力に応じて必要な、様々なパターンのコミュニケーション機能を集中的に向上させることができるよう構成されている。

『延世韓国語』は、韓国語学習において、段階別に求められる内容を主題にした対話で構成されており、語彙と文法の集中的な練習だけでなく、話す、聞く、書く、読む能力をバランスよく向上させることができるよう、バラエティーにとんだ課題と活動で構成された統合型教材である。また、学習者が興味を持てるテーマと場面を土台に、様々なコミュニケーション機能を遂行しながら、学習者が中心になって韓国語が学べるよう配慮した。

『延世韓国語』が、延世大学校言語研究教育院韓国語学堂で勉強する学生だけでなく、韓国語を正確に理解し、使いこなそうとしているすべての韓国語学習者の手助けになることを願う次第である。

延世大学校 言語研究教育院
韓国語学堂 教材編纂委員会

YONSEI KOREAN 1

일러두기

- '연세 한국어 1'은 한국어를 배우려는 성인 교포와 외국인을 위한 기초 단계의 책으로 초급 단계에서 꼭 알아야 할 주제를 중심으로 썼으며 이와 함께 필수적인 어휘와 문법, 문화와 사고방식을 소개함으로써 한국에 대한 이해를 넓히고자 하였다. 내용은 총 10개의 과로 이루어져 있으며, 각 과는 4개의 항으로 이루어져 있다.

- '연세 한국어 1'에는 8명의 주요 인물들이 등장하며 이들 등장인물들의 일상생활을 중심으로 본문의 대화 내용을 구성하였다.

- 교재의 구성은 과 제목과 함께 과의 내용을 제목 밑에 표로 제시하였는데, 표에는 각 항의 제목과 어휘, 문법, 과제, 문화를 제시하여 각 과에서 다룰 내용을 한 눈에 알아보기 쉽게 하였다. 그리고 마지막 항은 복습에 해당하는 항으로 '정리해 봅시다'라는 이름으로 그 과에서 다룬 어휘와 문법, 기능 등을 복습할 수 있도록 하였으며 '읽어 봅시다'에서는 본문에 나오는 대화 중 발음이 어려운 문장을 항마다 한 개씩 선정하여 연습할 수 있도록 하였다. 문화 부분은 각 과의 내용과 관련된 내용으로 과마다 2개 정도의 내용을 선정하여 '제임스가 본 한국'이라는 이름으로 외국인의 눈에 비친 한국의 문화를 가볍게 설명하는 식으로 다루었다.

- 각 과는 제목, 학습 목표, 삽화와 도입, 본문 대화, 어휘, 문법 연습, 과제, 문법 설명, 대화 번역의 순서로 구성되어 있다.

- 각 과의 제목은 주제에 해당하는 명사로 제시하였으며, 각 항의 제목은 본문 대화 부분에 나오는 주요 문장으로 제시하였다.

- 학습 목표에는 학습자들이 학습해야 할 의사소통 기능과 문법, 어휘를 제시하였다.

- 본문 대화는 각 과의 주제와 관련된 가장 전형적이고 대표적인 대화 상황을 설정하고자 노력하였다. 1과부터 3과까지는 학습자의 부담을 최소화하고자 4개의 문장, 2개의 대화로 구성하였고 4과부터는 6개의 문장, 3개의 대화로 구성하였다.

- 어휘는 각 과의 주제나 기능과 관련된 어휘 목록을 확장 제시하였으며, 과제에 나오는 새 단어는 과제 밑에 따로 구분하여 제시하였다. '연세 한국어 1'에서 다룬 단어는 약 995개 정도이다.

- 문법 연습은 각 과에서 다루어야 할 핵심 문법 사항으로 각 항마다 2개 정도를 기본으로 간단한 연습 문제와 함께 제시하였으며 문법에 대한 설명은 문법 설명에서 제시하였다.

- 과제는 학습 목표에서 제시한 의사소통 기능에 부합되는 것으로 각 항마다 2개 씩 제시하였는데 과제 간의 연계성을 염두에 두고 구성하였으며, 말하기, 듣기, 읽기, 쓰기의 네 기능을 적절히 제시하되 초급 교재인 만큼 말하기와 듣기의 비중을 높게 구성하였다.

- 각 항의 마지막 부분에는 대화 번역문과 문법 설명을 제시하였다.

- 문화는 각 과의 끝 부분에 실었는데 제임스가 한국의 문화를 간단히 설명하는 식으로 썼으며 실제로 할 수 있는 것은 간단히 해보게 하였다. 또 자기 나라의 문화와 비교해 보거나 자신의 경우를 말하게 하는 등 지식에 그치지 않고 적용해 볼 수 있도록 하였다.

- 색인에서는 각 과에서 다룬 어휘를 가나다 순으로 정리하였으며 본문에서 제시된 항을 함께 제시하였다.

凡例

- 『延世韓国語1』は、韓国語を学ぼうとする成人の在外同胞と外国人のための基礎段階の教科書で、初級レベルで必ず知っておかなければならない主題を中心にし、同時に、必須の語彙と文法、文化と思考方式を紹介することで、韓国についての理解を深めてもらうことを目的としている。内容は全部で10課からなっており、各課は４つの項で構成されている。

- 『延世韓国語1』には8人の主要人物が登場し、これら登場人物の日常生活を中心に、本文の対話を構成した。

- 教材の構成は、課のタイトルと、その下に課の内容を表で示し、表には各項のタイトルと、語彙、文法、課題、文化を提示することによって、各課で扱う内容が一目でわかるようにした。そして最後の項は復習「整理してみましょう」で、その課で扱った語彙、機能などが復習できるようにし、「読んでみましょう」では、本文に出てくる対話の中で、発音の難しい文章を項ごとに一つずつ選び、練習できるようにした。「文化」では、各課の内容に関連した話題を、課ごとに２つほど取り上げ、「ジェームスが見た韓国」という題名で、外国人の目に映った韓国文化を簡単に説明した。

- 各課は、タイトル、学習目標、イラストと導入、本文の対話、語彙、文法、課題、文法説明、対話の翻訳の順で構成されている。

- 各課のタイトルは、その課のテーマを表す名詞で示し、各項のタイトルは、本文の対話部分に出てくる主要な文章で示した。

- 学習目標には、学習者が習得すべきコミュニケーション機能と文法、語彙を示した。

- 導入は、テーマと機能がすぐに理解できるイラストとともに、簡単な質問をすることによって、学習者が、テーマと機能についての興味と好奇心が持てるようにした。

- 本文の対話は、各課のテーマに関連した、もっとも典型的な状況の設定に努めた。1課から3課までは、学習者の負担を極力減らすために４つの文章、２つの対話で、4課からは６つの文章、３つの対話で構成した。

- 語彙は、各課のテーマや機能と関連した語彙目録を拡張、提示した。課題に出てくる新しい単語は、課題の下に別途示した。『延世韓国語1』で扱った単語の数は約995個ほどである。

- 文法は、各課で扱うべき重要文法事項で、各項ごとに２つ程度を基本として、簡単な練習問題と一緒に示し、文法の説明を行なった。

- 課題は、学習目標で提示したコミュニケーション機能と一致するものを、各項ごとに2個程度、課題間の連携を念頭に置いて構成した。話す、聞く、読む、書くの四つの機能を適切に提示はするものの、初級教材であるため、話すことと聞くことが多くの比重を占めている。

- 各項の最後の部分には、対話の翻訳文と、文法説明を提示した。

- 文化は、各課の最後に載せたが、ジェームスが韓国の文化を簡単に説明するというスタイルで書かれ、実行可能なものについては、やさしく、学習者が行なえるようにした。また、自分の国の文化と比較してみたり、自分の話をさせるなど、単なる知識にとどまらず、日常生活で実際に適用してみることができるようにした。

- 索引では、各課で扱った語彙をカナダラ順にまとめ、載っている項を示した。

차례

1-1

1-2

目次

1-1

1-2

내용 구성

	제목	소제목	과제	어휘	문법	문화
01	인사	안녕하십니까?	이름 말하기	이름	입니다, 은/는	한국인의 이름 \ 한국인의 인사 예절
		어느 나라 사람입니까?	국적 말하기	나라 이름	입니까?	
		회사원이 아닙니다	직업 말하기	직업 이름	이/가 아니다	
		반갑습니다	인사 나누기	동사 1	-습니다, -습니까?	
02	학교와 집	이것이 교과서입니까?	물건 이름 말하기	물건 이름	이/가, 이, 그, 저	주말에 갈만한 곳 \ 한국의 위치와 크기
		지도도 있습니까?	교실 물건 말하기	교실 사물 이름, 형용사 1	도, 있다, 없다	
		은행이 어디에 있습니까?	학교 시설물 위치 말하기	장소 명사, 위치 관련 어휘	에[1]	
		집이 어디입니까?	집 위치 말하기	장소 이름	하고	
03	가족과 친구	가족 사진을 봅니다	지금 하고 있는 일 말하기	동사 2	을/를	호칭 \ 아줌마와 아저씨
		부모님은 어디에 계십니까?	가족 소개하기	가족 명칭, 존대 어휘, 수 1 (하나-열)	-으시-	
		공기도 좋고 조용합니다	고향에 관해 말하기	형용사 2	-고[1]	
		대학교에서 경제학을 공부합니다	친구에 관해 말하기	전공 관련 어휘	에서	
04	음식	식당에 갑니다	식당에 가기	가다, 오다, 식당 관련 어휘	에 가다, -을까요?[1], -읍시다	한국의 식사 문화 \ 한국인의 음식 인심
		무슨 음식을 좋아하십니까?	좋아하는 음식 말하기	음식 종류, 맛 관련 어휘	-지 않다, 무슨, ㄹ 동사	
		저는 불고기를 먹고 싶습니다	음식 고르고 권하기	음식 이름	-고 싶다, -겠-[1]	
		여기 물 좀 주십시오	음식 주문하기	음식 관련 단위 명사, 수 2 (일-십)	-으 십시오, -을까요?[2]	
05	하루 생활	지금 몇 시예요?	시간 말하기	수 3, 시간	까지, -어요	'일이삼'과 '하나둘셋' \ 손가락으로 숫자 세기
		오늘이 몇 월 며칠이에요?	날짜와 요일 말하기	날짜, 요일	-지요?, -으세요	
		일곱 시 반에 일어나요	하루 생활 말하기	동사 3	에[2], 부터 ~까지, -고[2]	
		친구하고 무엇을 했어요?	과거 시제(행동) 말하기	시간 관련 어휘	-었-, ㅂ동사	

제목	소제목	과제	어휘	문법	문화
06 물건 사기	선물을 사러 갑시다	물건 사러 가기	가게 이름	-으러 가다, 과/와	숫자 읽기 \ 생일
	좋지만 좀 비싸요	물건의 질과 크기 말하기	형용사 3	-지만, -은(관형형[1]), ㅎ동사	
	얼마예요?	물건 값 묻기	여러 가지 단위 명사	-어 주다, 단위 명사	
	깎아 주세요	물건 값 깎기	선물 관련 어휘	에게, -은, -는, -을(관형형[2])	
07 교통	실례지만 길 좀 묻겠습니다	위치, 길 묻기	위치 및 방향 관련 어휘	-으로[1], -어서[1]	서울 관광 \ 서울지하철
	지하철로 40분쯤 걸립니다	교통편과 걸리는 시간 묻기	교통수단	-으로[2], 에서 ~까지, -어서[2]	
	사람이 많으니까 조심하세요	교통수단 이용하기	교통수단 이용 관련 어휘	-으니까, -지 말다	
	과일 가게 앞에 세워 주세요	택시 이용하기	택시 이용 관련 어휘	ㄷ 동사, 르 동사	
08 전화	전화번호 좀 가르쳐 주세요	전화번호 말하기	전화번호 관련 어휘	-을게요, 이나	한국인과 휴대전화 \ 주요 전화번호
	정민철 씨 계세요?	전화 걸기	전화 관련 어휘	-는데요, -은데요	
	늦으면 전화할게요	전화로 약속하기	약속 관련 어휘	에게서, -으면	
	웨이 씨 좀 바꿔 주세요	전화로 상대방 바꿔 달라고 말하기	통화 관련 어휘	-을 거예요, 만	
09 날씨와 계절	저는 스키를 탈 수 있는 겨울이 좋아요	계절에 대해 말하기	계절 관련 어휘	-는데, -은데, -을 수 있다	한국의 봄꽃 \ 장마와 황사
	날씨가 조금 흐린데요	오늘 날씨 말하기	날씨 관련 어휘	-은 후에, -겠-[2]	
	오늘보다 따뜻할 것 같아요	날씨 비교하여 말하기	날씨 관련 어휘	보다, -을 것 같다	
	저기에서 사람들이 운동을 하고 있어요	계절 활동 말하기	계절 활동 관련 어휘	-는군요, -고 있다	
10 휴일과 방학	설악산에 가려고 해요	계획 말하기	휴일 관련 어휘	-으려고 하다, 동안	한국 영화 \ 즐거운 노래방
	시간이 있을 때는 여행을 가요	취미 활동 말하기 1	취미 활동 관련 어휘	-을 때, 중에서 ~제일	
	극장에 자주 못 가요	취미 활동 말하기 2	영화 관련 어휘	에 ~쯤, 못	
	산책을 하고 집에서 쉬었어요	주말 활동 이야기하기	운동 관련 어휘	-기 전에, -지 못하다	

内容構成

	トピック	タイトル	課題	語彙	文法	文化
1	あいさつ	今日は	名前を話す	名前	입니다, 은/는	韓国人の名前\韓国人の挨拶マナー
		国はどちらですか	国籍を話す	国名	입니까?	
		会社員じゃありません	職業を話す	職業の名前	이/가 아니다	
		お会いできてうれしいです	挨拶を交わす	動詞 1	-습니다, -습니까?	
2	学校と家	これは教科書ですか	物の名前を話す	物の名前	이/가, 이, 그, 저	週末のお出掛けスポット\韓国の位置と大きさ
		地図もありますか	教室にあるものを話す	教室にあるものの名前 形容詞 1	도, 있다, 없다	
		銀行はどこにありますか	学校にある施設の位置を話す	場所の名詞 位置に関する言葉	에[1]	
		家はどちらですか	家の位置を話す	場所の名前	하고	
3	家族と友達	家族写真を見ます	今していることを話す	動詞 2(-하다)	을/를	呼称\アジュンマとアジョシ
		ご両親はどこにいらっしゃいますか	家族を紹介する	家族の呼び方 尊敬語 数詞 1(하나-열)	-으시-	
		空気もよくて静かです	故郷について話す	形容詞 2	-고[1]	
		大学で経済学を勉強しています	友達について話す	専攻に関する言葉	에서	
4	料理	食堂に行きます	食堂に行く	行く、来る 食堂に関する言葉	에 가다, -을까요?[1] -읍시다	韓国の食文化\料理のおもてなし
		どんな食べ物がお好きですか	好きな食べ物を話す	食べ物の種類 味に関する言葉	-지 않다, 무슨, ㄹ동사	
		私はブルゴギが食べたいです	料理を進める	料理の種類	-고 싶다, -겠-[1]	
		お水お願いします	料理を注文する	食べ物に関わる助数詞 数詞 2(일-십)	-으십시오, -을까요?[2]	
5	一日の生活	今何時ですか	時間を話す	数詞 3 時間	까지, -어요	「일이삼」と「하나둘셋」\指で数を数える
		今日は何月何日ですか	日にちと曜日を話す	日にち 曜日	-지요?, -으세요	
		7時半に起きます	一日を話す	動詞 3	에[2], 부터 ~까지, -고[2]	
		友達と何をしましたか	過去時制(行動)で話す	時間に関する言葉	-었-, ㅂ동사	

	トピック	タイトル	課題	語彙	文法	文化
6	買い物	プレゼントを買いに	買い物に行く	店の名前	−으러 가다, 과/와	数字の読み方 \\ 誕生日
		いいですがちょっと高いですね	物の質と大きさを話す	形容詞 3	−지만, −은(連体修飾[1]), ㅎ동사	
		いくらですか	値段を聞く	助数詞	−어 주다 助数詞	
		まけてください	値段を値切る	プレゼントに関する言葉	에게 −은,−는,−을(連体修飾[2])	
7	交通	失礼ですが、道をお聞きしたいですが	位置、道を聞く	位置、方向に関する言葉	으로[1], −어서[1]	ソウル観光 \\ソウル地下鉄
		地下鉄で40分ぐらいかかります	交通の便とかかる時間を聞く	交通手段	으로[2], 에서 ~까지 −어서[2]	
		混んでいるから気をつけてください	交通手段を利用する	交通手段に関する言葉	−으니까, −지 말다	
		果物屋の前に止めてください	タクシーを利用する	タクシーに関する言葉	ㄷ 동사, 르 동사	
8	電話	電話番号を教えてください	電話番号を話す	電話番号に関する言葉	−을게요, 이나	韓国人と携帯電話 \\ 主な電話番号
		チョン・ミンチョルさんはいらっしゃいますか	電話をかける	電話に関する言葉	−는데요,−은데요	
		遅くなったら電話します	電話で約束する	約束に関する言葉	에게서,−으면,	
		ウェイさんに換わってください	電話で相手を換わってもらう	通話に関する言葉	−을거예요, 만	
9	天気と季節	私はスキーができる冬が好きです	季節について話す	季節に関する言葉	−는데,−은데 −을 수 있다	韓国の春の花 \\ 梅雨と黄砂
		少し曇っていますね	今日の天気について話す	天気に関する言葉	−은 후에, −겠−[2]	
		今日より暖かいでしょう	天気を比べる	天気に関する言葉	보다, −을 것 같다	
		あそこでみんな運動しています	季節に合った余暇生活	季節に関する言葉	−는군요, −고 있다	
10	休日と学校の休み	雪岳山に行こうと思っています	計画を話す	休日に関する言葉	−으려고 하다, 동안	韓国の映画 \\ 楽しいノレバン
		時間があるときは旅行に行きます	趣味について話す1	趣味に関する言葉	−을 때, 중에서 ~제일	
		映画館にはあまり行けません	趣味について話す2	映画に関する言葉	에 ~쯤, 못	
		お散歩をして家で休みました	週末にすることについて話す	運動に関する言葉	−기 전에, −지 못하다	

ハングル

1

1.1 韓国語の字母はハングルと呼ばれ、15世紀に世宗大王と多くの学者達によって創製されたものである。世宗大王はその当時、文字を知らない庶民を不憫に思い、全ての庶民がたやすく学べ樂に使える文字を作った。ハングルは創製当時、子音17字、母音11字であったが、現在使われている文字は子音14字、母音10字の合せて24字である。ハングルの子音は発音する時の口の形にならって作られ、母音は陰陽説による天地人に基づいて作られた。ハングルは音声文字で人が出せる全ての声が書けるだけではなく、自然の音までも書ける。ハングルは世界の文字の中で最も科学的で体系的な文字として、その優秀さが認められている。

1.2 ハングルは子音と母音が組み合わさって初めて音になるが、その構成方法は次の通りである。

母音			아
子音+母音	ㅂ + ㅣ	→	비
子音+母音+子音	ㅁ + ㅏ + ㄹ	→	말

1.3 音韻上、韓国語の母音は短母音と二重母音から成り立っている。短母音は音をどんなに長く出しても発音している間、口元や舌が固定され音が変わらないもので、舌の位置の前後、高低、口を開く度合いによって区別する。これに属する母音は「ㅏ, ㅐ, ㅓ, ㅔ, ㅗ, ㅚ, ㅜ, ㅟ, ㅡ, ㅣ」の10個である。二重母音は発音している間に音が変わり初めの音と終りの音が違って出てくるもので、「ㅑ, ㅒ, ㅕ, ㅖ, ㅘ, ㅙ, ㅛ, ㅝ, ㅞ, ㅠ, ㅢ」の11個がこれに属する。

舌の位置	前舌		中舌		後舌	
口の形 / 舌の高さ	平唇	円唇	平唇	円唇	平唇	円唇
高	ㅣ	(ㅟ)	ㅡ			ㅜ
中	ㅔ	(ㅚ)	ㅓ			ㅗ
低	ㅐ		ㅏ			

1.4 子音は音を出す場所と、音を出す方法によって次のように分類される。

調音法＼調音点			両唇	歯茎 舌先	硬口蓋 舌の中央	軟口蓋 舌の後ろ	声門閉鎖
無声音	破裂音	平音	ㅂ	ㄷ		ㄱ	
		濃音	ㅃ	ㄸ		ㄲ	
		激音	ㅍ	ㅌ		ㅋ	
	破擦音	平音			ㅈ		
		濃音			ㅉ		
		激音			ㅊ		
	摩擦音	平音		ㅅ			ㅎ
		濃音		ㅆ			
有声音	鼻音		ㅁ	ㄴ		ㅇ	
	流音			ㄹ			

2

2.1 母音は一画の「ㅣ」と「ㅡ」の２つに分けられ、 書き順は上から下に、左から右に書く。

縦に一画で「ㅣ」の時は子音は母音の左に、横に一画で「ㅡ」の時は子音は母音の上に来る。初めから母音の音が出るときは、子音「ㅇ」(이응)を母音の前に書くが、このときの「ㅇ」は音が出ない。

単母音				
母音	音	書き方		
아	a	ㅇ	이	아
어	ə	ㅇ	어	어
오	o	ㅇ	오	오
우	u	ㅇ	으	우
으	i	ㅇ	으	

単母音		
母音	音	書き方
이	i	ㅇ 이
애	ɛ	ㅇ 아 애
에	e	ㅇ 어 에
외	Ø / we	ㅇ 오 외
위	y / yi	ㅇ 우 위

上の表は誰でも書きやすく、覚えやすい母音の順序であり、辞書を引くときにも役に立つものである。

例: 이 아이 오이 아우 애기
이외에 이 위에 위 이 애 이에

2.2 国語の子音の名前と書き順は次の通りである。

子音	音	名前	書き順
ㄱ	k	기역	ㄱ
ㄴ	n	니은	ㄴ
ㄷ	t	디귿	ㅡ ㄷ
ㄹ	l	리을	ㄱ ㄱ ㄹ
ㅁ	m	미음	ㅣ ㄱ ㅁ
ㅂ	p	비읍	ㅣ ㅣㅣ ㅂ ㅂ
ㅅ	s	시옷	ㅅ ㅅ
ㅇ	ng	이응	ㅇ
ㅈ	ch	지읒	ㄱ ㅈ
ㅊ	ch'	치읓	ˉ ㅈ ㅊ
ㅋ	k'	키읔	ㄱ ㅋ
ㅌ	t'	티읕	ㅡ ㅡ ㅌ
ㅍ	p'	피읖	ㅡ ㅠ ㅍ
ㅎ	h	히읗	ㅗ ㅎ

2.3 上述した10個の基本母音以外に、次のような11個の母音がある。

二重母音			
母音	音	母音	音
ㅑ	ja	ㅘ	wa
ㅕ	jə	ㅙ	wɛ
ㅛ	jo	ㅝ	wo
ㅠ	ju	ㅞ	we
ㅒ	jɛ	ㅢ	ii
ㅖ	je		

例:	왜	여유	이유	여야	의자
	예외	의의	웨	예의	야유

2.4 子音の破裂音、破擦音、摩擦音は、調音の時に空気が破裂する度合いによってさらに区別される。

平音	가	다	바	사	자
激音	카	타	파		차
濃音	까	따	빠	싸	짜

例:	기다	가다	개다	달	바르다
	키다		캐다	탈	
	끼다	까다	깨다	딸	빠르다
	부르다	사다	시	자다	자
	푸르다			차다	차
	뿌리다	싸다	씨	짜다	

2.5 全ての子音は音節末に来るが、実際の音は「ㄱ, ㄴ, ㄷ, ㄹ, ㅁ, ㅂ, ㅇ」の7つに発音され、その他の子音も全てこの7つのうちの一つの音に変わる。

代表子音	音節末の子音	音	例
ㄱ	ㄱ, ㅋ	k	**각, 부엌**
ㄴ	ㄴ	n	**눈**
ㄷ	ㄷ, ㅅ, ㅈ, ㅊ, ㅌ, ㅎ	t	**낟, 낫, 낮, 낯, 낱, 낳**
ㄹ	ㄹ	l	**쌀**
ㅁ	ㅁ	m	**봄**
ㅂ	ㅂ, ㅍ	p	**입, 잎**
ㅇ	ㅇ	ŋ	**공**

2.6 音節末に複子音（二つの子音）が来ることがあるが、子音の種類によって前の子音を発する場合と後の子音を発音する場合がある。

前の子音を発音する場合: ㄳ, ㄶ, ㄵ, ㄼ, ㄾ, ㅄ

例: **삯　많다　앉다　여덟　핥다　값　없다**

後ろの子音を発音する場合: ㄺ, ㄻ, ㄿ

例: **늙다　닭　삶다　젊다　읊다**

나 오 는 사 람

톰슨 제임스
미국 기자

요시다 리에
일본 은행원
제임스의 하숙집 친구

츠베토바 마리아
러시아 대학생
제임스의 반 친구

왕 웨이
중국 회사원(연세무역)
제임스의 반 친구

김미선
한국 대학원생
마리아의 방 친구/민철의 여자 친구

정민철
한국 여행사 직원
미선의 남자 친구

이영수
한국 대학생
제임스와 리에의 하숙집 친구

오정희
한국 회사원 (연세 무역)
웨이의 회사 동료

제1과 인사

01
제목 | 안녕하십니까?
과제 | 이름 말하기
어휘 | 이름
문법 | 입니다, 은/는

02
제목 | 어느 나라 사람입니까?
과제 | 국적 말하기
어휘 | 나라 이름
문법 | 입니까?

03
제목 | 회사원이 아닙니다
과제 | 직업 말하기
어휘 | 직업 이름
문법 | 이/가 아니다

04
제목 | 반갑습니다
과제 | 인사 나누기
어휘 | 동사 1
문법 | -습니다, -습니까?

05
정리해 봅시다

- 제임스가 본 한국
  한국인의 이름
  한국인의 인사 예절

01 안녕하십니까?

학습 목표 ● 과제 이름 말하기 ● 문법 입니다, 은/는 ● 어휘 이름

리에와 웨이가 무엇을 합니까?
리에와 웨이가 어떻게 이야기합니까?

CD1: 01~02

리에 안녕하십니까?

웨이 네, 안녕하십니까?

리에 리에입니다.

웨이 저는 웨이입니다.

안녕하십니까 今日は、おはようございます、今晩は

네 はい

저 私

어휘

이름 부르기

이은영 선생님, 이 선생님

최민수 씨, 민수 씨

1) 선생님과 친구들의 이름을 불러 보십시오.

성과 이름

1) 성과 이름을 찾으십시오.

[보기]

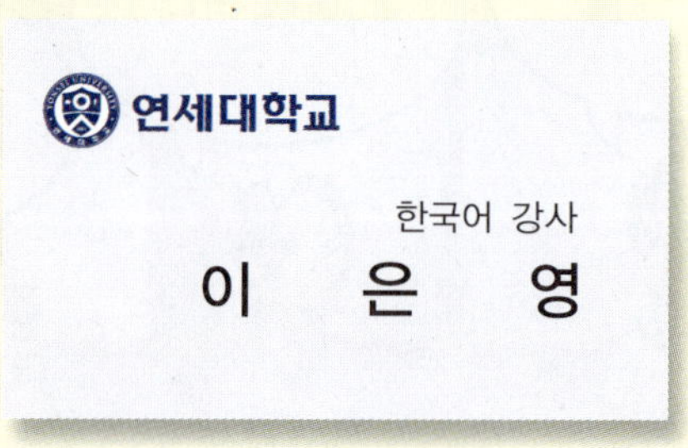

성: 이 이름: 은영

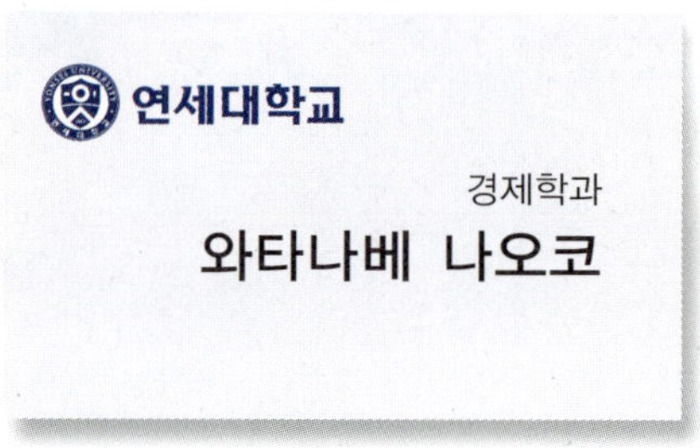

성: 이름:

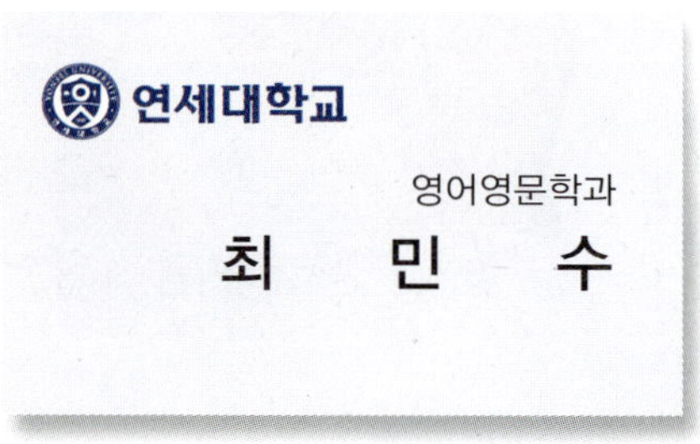

성: 이름:

2) 명함을 만드십시오.

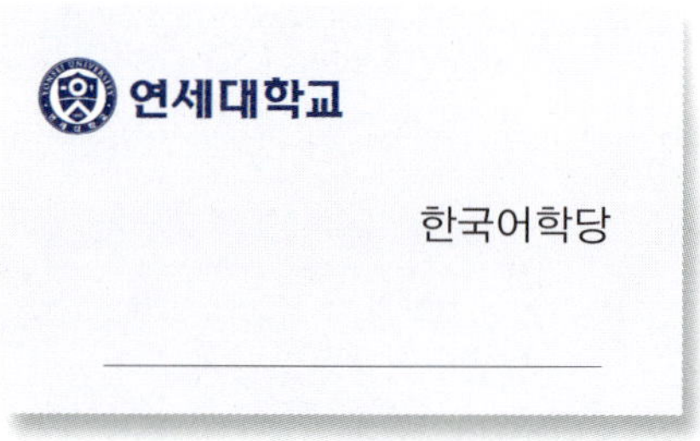

문법 연습

입니다

01 1) (   )을 채우십시오.

[보기] 저는 왕웨이(입니다).

❶ 저는 최민수(   ).

❷ 저는 인도 사람(   ).

❸ 존슨 씨는 선생님(   ).

2) 쓰고 읽으십시오.

은/는

02 맞는 것에 O 표시를 하십시오.

[보기] 존슨 씨(은, (는)) 선생님입니다.

❶ 저(은, 는) 김미선입니다.

❷ 웨이 씨(은, 는) 중국 사람입니다.

❸ 은정 씨(은, 는) 선생님입니다.

❹ 선생님 이름(은, 는) 존슨입니다.

과제 1 말하기

친구들과 인사를 하십시오.

[보기] 리에: 안녕하십니까?
웨이: 네, 안녕하십니까?
리에: 저는 리에입니다.
웨이: 저는 웨이입니다.

과제 2 듣고 말하기 [CD1: 03]

01 듣고 이름을 쓰십시오.

❶ ....

❷ ....

❸ ....

02 세 사람이 인사하고 친구를 소개하십시오.

제 私の　그리고 そして　친구 友達　반갑습니다 (お会いできて) うれしいです

会話

りえ　今日は。
ウェイ　今日は。
りえ　りえです。
ウェイ　私はウェイです。

문법 설명

01 입니다

‘이다’ は名詞に付いて、その名詞に動詞あるいは形容詞のような役割を与える。またその文の主語の属性や状態を説明したり、何かを指定して話すときに使う。‘입니다’ は、相手に丁寧に説明するとき使う。

- 이것은 제 책상입니다.　これは私の机です。
- 저는 학생입니다.　私は学生です。
- 이 아이가 제 딸입니다.　この子が私の娘です。
- 여기가 우리 집입니다.　ここが私の家です。
- 그분은 의사입니다.　その方は医者です。

02 은/는

名詞に付いて文の主題や話題を示す助詞である。名詞が子音で終わる時は「은」を使い、母音で終わる時は「는」を使う。

- 서울은 한국의 수도입니다.　ソウルは韓国の首都です。
- 저는 한국 사람입니다.　私は韓国人です。

対照や強調を表すこともある。

- 동생은 키가 큽니다. 저는 키가 작습니다. 弟は背が高いです。私は背が低いです。
- 고기를 좋아합니다. 생선은 싫어합니다. 肉が好きです。魚は嫌いです。

どんな助詞とも結び付くが、主格助詞や目的格助詞に付くと省かれる。

- 도서관에는 언제 갔습니까? 図書館にはいつ行きましたか。
- 이곳에서는 담배를 피울 수 없습니다. ここではたばこを吸ってはいけません。
- 부모님에게만은 알리지 마세요. 両親にだけは知らせないでください。

02 어느 나라 사람입니까?

학습 목표 ● 과제 국적 말하기 ● 문법 입니까? ● 어휘 나라 이름

리에와 제임스가 무엇을 묻습니까?
리에와 제임스가 어떻게 질문합니까?

CD1: 04~05

리에 어느 나라 사람입니까?

제임스 미국 사람입니다. 리에 씨는 중국 사람입니까?

리에 아니요, 저는 일본 사람입니다.

제임스 아, 그렇습니까?

어느 どの
나라 国
사람 人
미국 アメリカ
중국 中国
아니요 いいえ
일본 日本
그렇습니까 そうですか

어휘

나라

● 연결하십시오

[보기] 호주 • ——————— • 

중국 • • 

한국 • • 

일본 • • 

미국 • • 

문법 연습

입니까?

01 1) 그림을 보고 질문하십시오.

[보기]

일본 사람입니까?

❶

❷

❸

❹

❺

2) 그림을 보고 묻고 대답하십시오.

[보기]

가 : 미국 사람입니까?

나 : 아니요, 호주 사람입니다.

❶

❷

❸

❹

과제 1 쓰고 말하기

01 여러분의 이름과 국적을 쓰십시오.

이름 ....

국적(나라) ....

02 [보기]와 같이 말하십시오.

[보기] 안녕하십니까?
제 이름은 로라입니다.
캐나다 사람입니다.

과제 2 듣고 쓰기 [CD1: 06]

● 듣고 연결하십시오.

세르게이 •	• 한국
김유진 •	• 캐나다
리카 •	• 일본
로라 •	• 러시아

국적 国籍　캐나다 カナダ　에서 から､で　왔습니다 来ました

会話

りえ　どこの国の人ですか。

ジェームス　アメリカ人です。りえさんは中国人ですか。

りえ　いいえ、私は日本人です。

ジェームス　あ、そうですか。

문법 설명

01 입니까?

「입니다」の疑問形である。文の終りに「?」を付ける。

- 이분이 어느 나라 사람입니까?　この方はどこの国の人ですか。
- 지금이 두 시입니까?　今、2時ですか。
- 여기가 신촌입니까?　ここが新村ですか。
- 이 책은 누구 책입니까?　この本は誰の本ですか。
- 오늘이 며칠입니까?　今日は何日ですか。

03 회사원이 아닙니다

학습 목표 ● 과제 직업 말하기 ● 문법 이/가 아니다 ● 어휘 직업 이름

웨이가 무엇을 묻습니까?
웨이가 어떻게 질문합니까?

CD1: 07~08

웨이	회사원입니까?
마리아	아니요, 회사원이 아닙니다.
웨이	그럼 학생입니까?
마리아	네, 대학생입니다.

회사원 会社員
그럼 それじゃ
학생 学生
대학생 大学生

어휘

직업

● 그림을 보고 직업을 쓰십시오.

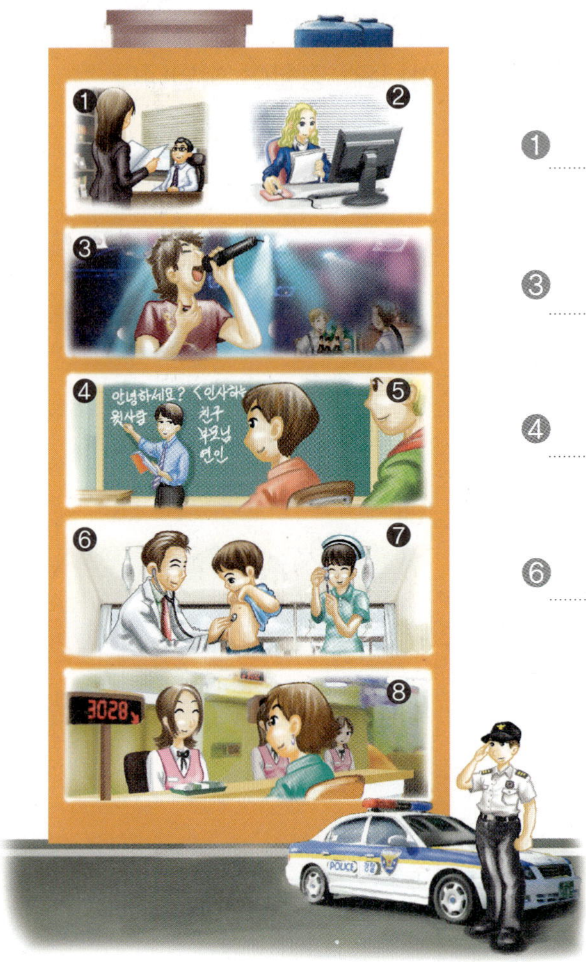

❶ .... ❷ ....

❸ ....

❹ .... ❺ ....

❻ .... ❼ ....

❽ ....

[보기] 경찰

문법 연습

이/가 아니다

01

1) 맞는 것에 O 표시를 하십시오.

[보기] 학생(이 , 가) 아닙니다.

❶ 마리아(이, 가) 아닙니다.
❷ 한국 사람(이, 가) 아닙니다.
❸ 경찰(이, 가) 아닙니다.
❹ 의사(이, 가) 아닙니다.

2) 그림을 보고 묻고 대답하십시오.

[보기]

가: 경찰입니까?
나: 아니요, 경찰이 아닙니다.
가: 그럼 회사원입니까?
나: 네, 회사원입니다.

❶

가: 학생입니까?
나: 아니요, ...
가: 그럼 가수입니까?
나: 네, ...

❷

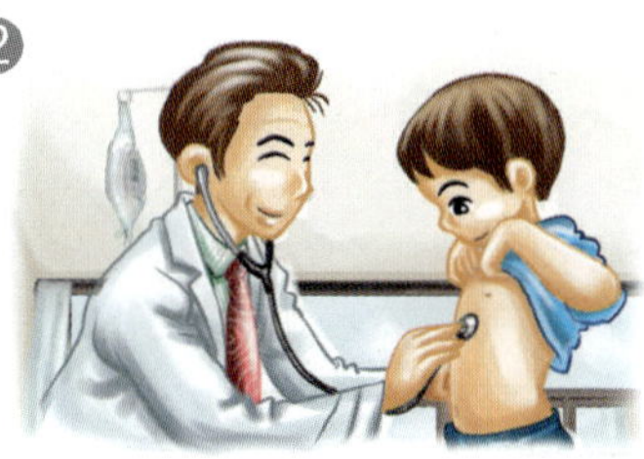

가: 간호사입니까?
나: 아니요, ...
가: 그럼 .... ?
나: 네, ...

01

③ 

가: 선생님입니까?
나: 아니요, ________________.
가: ________________?
나: 네, ________________.

④ 

가: 가수입니까?
나: 아니요, ________________.
가: ________________?
나: 네, ________________.

과제 1 말하기

01 자신의 직업을 말하십시오.

[보기] 안녕하십니까?
저는 마리아입니다.
학생입니다.

02 묻고 대답하십시오.

[보기] 제임스: 마리아 씨는 대학생입니까?
마리아: 네, 저는 대학생입니다. / 아니요, 저는 기자입니다.

과제 2 듣고 쓰기 [CD1: 09]

01 듣고 직업에 표시하십시오.

❶ 김유진	□ 가수	□ 회사원	□ 기자	□ 은행원
❷ 토마스	□ 경찰	□ 은행원	□ 회사원	□ 교수
❸ 왕명	□ 교수	□ 비서	□ 변호사	□ 의사

02 일하는 곳을 쓰십시오.

❶ 김유진
❷ 토마스
❸ 왕명

그런데 ところで　무엇 何　하십니까? なさいますか?
교수 教授　을/를 を

会話

ウェイ	会社員ですか。
マリア	いいえ、会社員じゃありません。
ウェイ	それじゃ、学生ですか。
マリア	はい、大学生です。

문법 설명

01 이/가 아니다

「이/가 아니다」は、'이다'の否定形で名詞とともに使われる。名詞が子音で終わる時は「이 아니다」を使い、母音で終わる時は「가 아니다」を使う。

- 저는 일본 사람이 아닙니다. 私は日本人じゃありません。
- 존슨 씨는 의사가 아닙니다. ジョンソンさんは医者じゃありません。
- 이것은 교과서가 아닙니다. これは教科書じゃありません。
- 린다 씨는 선생님이 아닙니다. リンダさんは先生じゃありません。
- 우리 어머니는 한국 사람이 아닙니다. 私の母は韓国人じゃありません。

04 반갑습니다

학습 목표 ● 과제 인사 나누기 ● 문법 -습니다, -습니까? ● 어휘 동사 1

웨이가 무엇을 합니까?
웨이가 어떻게 이야기합니까?

CD1: 10~11

미선 누구입니까?

웨이 제 친구 이영수입니다.

미선 처음 뵙겠습니다. 김미선입니다.

영수 안녕하십니까? 반갑습니다.

누구
誰

처음 뵙겠습니다
初めまして

반갑다
(会えて) うれしい

어휘

동사 1

● 연결하십시오.

[보기] 오다　듣다　먹다　쓰다　자다　인사하다

문법 연습

01 쓰십시오.

가다	만나다	인사하다	읽다	
듣다	쓰다	먹다	자다	입다

[보기 1] 인사합니다.

[보기 2] 인사합니까?

❶

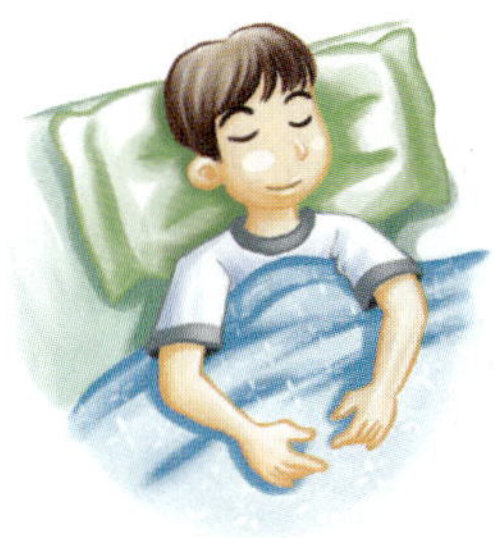

❷

❸

❹

❺

02 위 그림을 보고 묻고 대답하십시오.

[보기] 가: 인사합니까?
나: 네, 인사합니다.

과제 1 말하기

친구를 소개하고 인사하십시오.

[보기]
제임스 안녕하십니까? 리에 씨.
리에 네, 안녕하십니까? 제임스 씨.
제임스 제 친구 웨이입니다.
웨이 처음 뵙겠습니다. 웨이입니다.
리에 반갑습니다. 리에입니다.
웨이 리에 씨는 한국 사람입니까?
리에 아니요, 일본 사람입니다.

과제 2 듣고 쓰기 [CD1: 12]

01 듣고 이야기하는 사람의 이름을 쓰십시오.

....

....

02 듣고 쓰십시오.

안녕하십니까? __________.
네, 안녕하십니까? __________.
학교에 __________?
__________, 학교에 __________.

학교 学校 에 に

과제 2

03 듣고 맞는 그림에 O 표시를 하십시오.

❶

(　　　　)

❷

(　　　　)

❸

(　　　　)

会話

ミソン	だれですか
ウェイ	私の友達のり・ヨンスです。
ミソン	初めまして、キム・ミソンです。
ヨンス	今日は。お会いできてうれしいです。

문법 설명

01 −습니다/ㅂ니다

動詞や形容詞の語幹に付く終結語尾である。相手に動作や状態を丁寧に話すときに使われる。動詞の語幹が母音で終わる時は「−ㅂ니다」を使い、子音で終わる時は 「−습니다」を使う。

- 학교에 갑니다.　学校に行きます。
- 저는 키가 큽니다.　私は背が高いです。
- 만나서 반갑습니다.　お会いできてうれしいです。
- 책이 있습니다.　本があります。
- 의자가 없습니다.　いすがありません。

02 −습니까/ㅂ니까?

動詞や形容詞の語幹に付く終結語尾である。相手に動作や状態を丁寧に聞くときに使う。動詞、形容詞の語幹が母音で終わる時は「−ㅂ니까」を使い、子音で終わる時は「−습니까」を使う。

- 무엇을 합니까?　何をしますか。
- 어디에 갑니까?　どこへ行きますか。
- 사전이 있습니까?　辞書がありますか。
- 한국 친구가 없습니까?　韓国の友達がいませんか。
- 시간이 많습니까?　時間が多いですか。

05 정리해 봅시다

● **읽어 봅시다** [CD1: 13]

1. 안녕하십니까?
2. 그렇습니까?
3. 회사원이 아닙니다
4. 처음 뵙겠습니다

● **확인해 봅시다**

I

01 빈칸에 알맞은 단어를 쓰십시오.

한국 은행원 태국 러시아 비서 변호사 인도 간호사 영국
학생 중국 선생님 미국 가수 일본 의사 기자 호주 독일

직업	국적

02 게임을 합시다.

❶ 직업/국적을 5개씩 쓰십시오.
❷ 한 사람씩 자신이 쓴 직업/국적을 하나씩 말하십시오.
❸ 듣고 같은 직업/국적이 있으면 지우십시오.
(제일 먼저 다 지운 사람이 이깁니다.)

1) 직업 .... / .... / .... / .... / ....
2) 국적 .... / .... / .... / .... / ....

정리

II

맞는 것을 고르십시오.

[보기] 저(은, (는)) 한국 사람입니다.

❶ 제 친구(은, 는) 마이클입니다.
❷ 저는 경찰(이, 가) 아닙니다.
❸ 어느 나라 사람(입니다, 입니까?)
❹ 가: 의사입니까?
나: 아니요, 의사(입니다, 가 아닙니다).
❺ 리에 씨는 옷을 (입니다, 입습니다).
❻ 마리아 씨는 러시아에 (갑니다, 가습니다).

III

01 자기소개를 쓰십시오.

[보기]
이름 : 마이클 존슨
국적 : 미국
직업 : 회사원

안녕하십니까? 반갑습니다.
저는 마이클 존슨입니다.
미국 사람입니다.
저는 회사원입니다.

이름 :
국적 :
직업 :

02 친구들에게 자기소개를 하십시오.

제임스가 본 한국

韓国人の名前

韓国人の名前は、三文字が一般的です。名字は一文字で前に書き、名前は二文字で後ろに書きます。ですから私の友達の「김미선」さんも「김」が名字で、「미선」が名前になります。

これはアメリカとは反對でしょう。西洋では名字が自分の祖先のルーツを表す場合がありますが、韓国人の名字には「家」の系譜が表れています。ミソンさんの話ではこのような家系を記錄した本(族譜)もあるそうです。韓国人の名字は全部で270餘りありますが、「김」が最も多く、その次に「이, 박, 최」の順だそうです。

한국 이름을 압니까? 써 봅시다.

여자	남자
김 미 선	이 영 수

韓国人の挨拶マナー

一般的に韓国人は、人に会うとお辞儀をして挨拶をします。特に相手が目上の人や敬意を表さなければならない人の場合には、深くお辞儀をして挨拶をします。相手が友達や親しい間柄であれば、頭を軽く下げたり手を振ったりします。しかし、最近の男の人は西洋式に握手をする人も多いです。握手をする場合にも、普通腰や頭を下げて挨拶しながら握手をする場合が多いです。また相手が目上の人や敬意を表さなければならない人の場合には、右手に左手をそえて握手をします。私も先生に会った時はお辞儀をして挨拶をしますが、ミソンさんと会った時はただ頭を下げるだけです。この前ミソンさんのお父さんに会った時、お父さんが先に手を出されたので私もつい西洋式に片手で握手をしたんですが、あとで両手で握手をしなければいけないということを知ってどれだけ申し訳なかったかわかりません。

여러분도 그림과 같이 인사해 보십시오.

제2과 학교와 집

01
제목 | 이것이 교과서입니까?
과제 | 물건 이름 말하기
어휘 | 물건 이름
문법 | 이/가, 이, 그, 저

02
제목 | 지도도 있습니까?
과제 | 교실 물건 말하기
어휘 | 교실 사물 이름, 형용사 1
문법 | 도, 있다, 없다

03
제목 | 은행이 어디에 있습니까?
과제 | 학교 시설물 위치 말하기
어휘 | 장소 명사, 위치 관련 어휘
문법 | 에[1]

04
제목 | 집이 어디입니까?
과제 | 집 위치 말하기
어휘 | 장소 이름
문법 | 하고

05 정리해 봅시다

- 제임스가 본 한국
  주말에 갈만한 곳
  한국의 위치와 크기

01 이것이 교과서입니까?

학습 목표 ● 과제 물건 이름 말하기 ● 문법 이/가, 이, 그, 저 ● 어휘 물건 이름

여기가 어디입니까?
마리아가 어떻게 질문합니까?

CD1: 14 ~ 15

마리아 이것이 교과서입니까?

점원 네, 그렇습니다.

마리아 그럼 저것은 무엇입니까?

점원 사전입니다.

점원 店員
이것 これ
교과서 教科書
그렇다 そうだ
저것 あれ
사전 辞書

어휘

물건

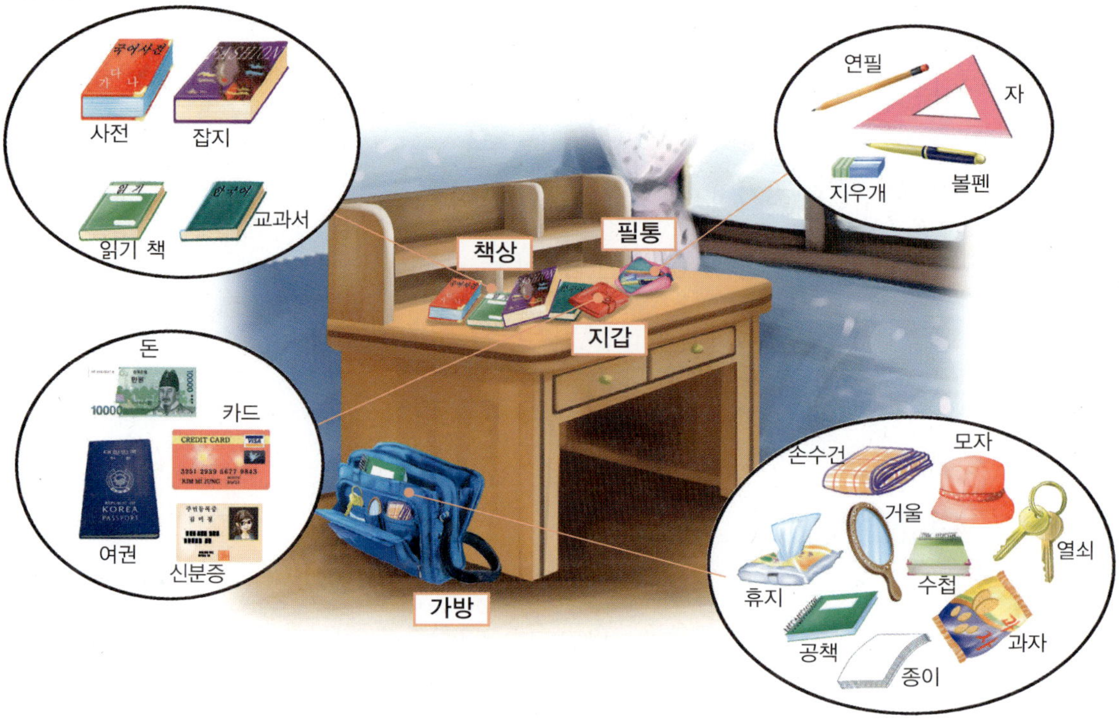

● 알맞게 연결하십시오.

[보기] 연필 사전 카드 지우개 휴지 돈 자 수첩

문법 연습

이/가

01 맞는 것에 O 표시를 하십시오.

[보기] 이것(이, 가) 책입니다.

❶ 친구(이, 가) 한국 사람입니다.

❷ 이름(이, 가) 김미선입니다.

❸ 미선 씨(이, 가) 인사합니다.

❹ 리에 씨(이, 가) 갑니다.

이, 그, 저

02 1) 그림을 보고 빈칸을 채우십시오.

• 이것
• 이 볼펜

• 그것
• ....

• 저것
• ....

2) 그림을 보고 대화를 완성하십시오.

[보기]

웨이: 이것이 사전입니까?
미선: 네, 사전입니다.

❶

웨이: 그 책이 읽기 책입니까?
미선: 네, ...

❷

웨이: 저 사람이 미국 사람입니까?
미선: 아니요, ...

❸

웨이: 이것이 무엇입니까?
미선: ....

❹

웨이: .... 가방입니까?
미선: 네, ...

❺

웨이: .... ?
미선: ....

과제 1 말하기

01 그림을 보고 묻고 대답하십시오.

[보기] 가: 이것이 무엇입니까?
나: .... 입니다.

02 물건의 이름을 묻고 대답하십시오.

[보기1] 가: 그것이 연필입니까?
나: 네, 연필입니다.

[보기2] 가: 그것이 연필입니까?
나: 아니요, 연필이 아닙니다.
볼펜입니다.

과제 2 듣고 말하기 [CD1: 16]

01 듣고 사람 이름을 쓰십시오.

02 친구들의 물건을 모으고 누구 물건인지 묻고 대답하십시오.

[보기] 가: .... 씨 연필입니까?
나: 네, 제 연필입니다. / 아니요, 제 연필이 아닙니다.

저건 あれは　여기 ここ　있다 ある、いる

会話

マリア	これは教科書ですか。
店員	はい、そうです。
マリア	それじゃ、あれは何ですか。
店員	辞書です。

문법 설명

01 이/가

その名詞が文の主語であることを表す助詞である。名詞が子音で終わる時は「이」を使い、母音で終わる時は「가」を使う。

- 이것이 책상입니다. これは机です。
- 여기가 학교입니다. ここが学校です。
- 이것이 책입니까? これは本ですか。
- 친구가 많습니다. 友達が多いです。
- 의자가 없습니다. いすがありません。

人称代名詞「나, 너, 저」と疑問詞「누구」に「가」が結び付くと、「내가」,「네가」,「제가」,「누가」になる。

- 나 → 내 + 가　내가 말했습니다.　私が話しました。
- 저 → 제 + 가　제가 김영수입니다.　私がキム・ヨンスです。
- 너 → 네 + 가　네가 가?　おまえが行くか。
- 누구 → 누 + 가　누가 왔습니까?　誰が来ましたか。

02 이, 그, 저

• 이

名詞の前に付く指示代名詞である。話し手に近い人や物を指し示す時に使う。

• 이 책이 사전입니까?	この本は辞書ですか。
• 이 연필이 제 연필입니다.	この鉛筆が私の鉛筆です。

今話した事を指し示す時に使う。

• 이 이야기를 누가 압니까?	この話を誰が知っていますか。
• 이 사실을 이야기하지 마세요.	この事を話さないでください。

• 그

名詞の前に付く指示代名詞である。話し手の側から見て、聞き手の近くにいる人や物を指し示す時に使う。

• 그 책은 교과서입니다.	その本は教科書です。
• 그 연필을 나에게 주십시오.	その鉛筆を私にください。

前に述べたこと、あるいは話し手も聞き手も知っている事や物を指し示す時に使う。

• 아까 그 남자가 누구입니까?	さっきのあの男の人は誰ですか。
• 요즘 그 영화를 안 본 사람이 없어요.	最近、その映画を見ていない人はいません。

• 저

名詞の前に付く指示代名詞である。話し手からも聞き手からも遠く離れている物や人を指し示す時に使う。

• 나는 저 사람을 압니다.	私はあの人を知っています。
• 저 건물이 우리 학교입니다.	あの建物が私の学校です。

02 지도도 있습니까?

학습 목표 ● 과제 교실 물건 말하기 ● 문법 도, 있다, 없다 ● 어휘 교실 사물 이름, 형용사 1

여기가 어디입니까?
여기에 무엇이 있습니까?

CD1: 17 ~ 18

영수 달력이 있습니까?

마리아 네, 있습니다.

영수 지도도 있습니까?

마리아 아니요, 없습니다.

달력 カレンダー

지도 地図

없다 ない、いない

어휘

교실 물건

● 여러분 교실에 무엇이 있습니까? 쓰십시오.

(   ), (   ), (   ), (   ), (   )

형용사 1

많다

적다

크다

작다

(날씨가) 좋다

(날씨가) 나쁘다

어휘

그림을 보고 맞는 문장에 O 표시를 하십시오.

[보기]

책이 많습니다. ( )
책이 적습니다. (O)

❶

텔레비전이 큽니다. ( )
텔레비전이 작습니다. ( )

❷

날씨가 좋습니다. ( )
날씨가 나쁩니다. ( )

❸

주스가 많습니다. ( )
주스가 적습니다. ( )

문법 연습

도

01 알맞은 말을 쓰십시오.

[보기] 학교가 좋습니다. 교실(도) 좋습니다.

❶ 마리아 씨는 학생입니다. 정희 씨(   ) 학생입니다.

❷ 문이 있습니다. 창문(   ) 있습니다.

❸ 러시아가 큽니다. 캐나다(   ) 큽니다.

❹ 민철 씨는 잡니다. 영수 씨(   ) 잡니다.

있다, 없다

02 묻고 대답하십시오.

[보기] 가: 칠판이 있습니까?
나: 네, 칠판이 있습니다.

가: 그림이 있습니까?
나: 아니요, 그림이 없습니다.

❶ 의자　　❷ 옷걸이　　❸ 창문　　❹ 달력　　❺ 지도

과제 1 말하고 쓰기

01 다음 물건이 교실에 있는지 묻고 대답하여 표를 채우십시오.

[보기 1] 가: 책상이 있습니까?
나: 네, 있습니다.
가: 의자도 있습니까?
나: ……………………

[보기 2] 가: 잡지가 있습니까?
나: 아니요, 없습니다.
가: 사전은 있습니까?
나: ……………………

	물건	
1	책상	○
2	의자	
3	사전	
4	그림	
5	잡지	
6	칠판	
7	창문	
8	텔레비전	
9	옷걸이	

02 교실 물건을 소개하는 글을 쓰십시오.

[보기] 책상이 있습니다. 의자가 있습니다. 칠판도 있습니다. 텔레비전도 있습니다. 사전은 없습니다. 잡지도 없습니다.

과제 2 읽고 쓰기

01 읽고 맞는 그림을 고르십시오. (   )

정희 씨 가방이 큽니다. 이 가방에는 지갑하고 사전이 있습니다. 수첩도 있습니다. 이 가방은 주머니가 많습니다. 이 가방은 좋습니다.

❶

❷

❸

❹

02 여러분의 가방에 대해 다음 표를 채우고 위와 같이 쓰십시오.

	크다/작다	있다	좋다/나쁘다
[보기] 정희 씨 가방	크다	지갑, 사전, 수첩	좋다
내 가방			

물건 物、品物　에는 には　하고 と　주머니 ポケット

会話

ヨンス	カレンダーはありますか。
マリア	はい、あります。
ヨンス	地図もありますか。
マリア	いいえ、ありません。

문법 설명

01 도

名詞の後に付いて似ている物や、同じ物を列挙する時に使う助詞である。

- 책상이 있습니다. 의자도 있습니다. 시계도 있습니다. 机があります。椅子もあります。時計もあります。
- 책이 많습니다. 그림도 많습니다. 本が多いです。絵も多いです。
- 학교가 큽니다. 교실도 큽니다. 学校が大きいです。教室も大きいです。
- 농구를 합니다. 야구도 합니다. バスケットをします。野球もします。
- 이름을 압니다. 주소도 압니다. 名前を知っています。住所も知っています。

特に場所や位置を列挙する場合には「에」,「에서」とともに使う。

- 산에 갑니다. 바다에도 갑니다. 山に行きます。海にも行きます。
- 도서관에서 공부합니다. 집에서도 공부합니다. 図書館で勉強します。家でも勉強します。

02 있다, 없다

「있다」の否定は「없다」である。

- 친구가 있습니다. 友達がいます。
- 시계가 있습니다. 時計があります。
- 그림이 없습니다. 絵がありません。
- 질문이 있습니까? 質問がありますか。
- 돈이 없습니까? お金がありませんか。

「있다」の尊敬語は「계시다」である。

- 선생님이 계십니다. 先生がいらっしゃいます。
- 의사 선생님이 계십니다. お医者さんがいらっしゃいます。
- 부모님이 계십니까? ご両親がいらっしゃいますか。
- 아버지가 안 계십니다. 父はいません。
- 김 교수님이 안 계십니다. 金教授はいらっしゃいません。

03 은행이 어디에 있습니까?

학습 목표 ● 과제 학교 시설물 위치 말하기 ● 문법 에[1] ● 어휘 장소 명사, 위치 관련 어휘

마리아가 무엇을 묻습니까?
마리아가 어떻게 질문합니까?

CD1: 19 ~ 20

마리아 은행이 어디에 있습니까?
영수 학생회관에 있습니다.
마리아 학생회관은 어디에 있습니까?
영수 도서관 앞에 있습니다.

은행 銀行
어디 どこ
학생회관 学生会館
도서관 図書館
앞 前

어휘

장소

교실

화장실

식당

서점

우체국

사무실

● 알맞게 연결하십시오.

[보기] 서점　　교실　　사무실　　화장실　　우체국　　식당

어휘

위치

● 그림을 보고 쓰십시오.

문법 연습

에[1]

01 1) 문장을 만드십시오.

[보기] 의자 / 교실 / 있습니다
→ 의자가 교실에 있습니다.

❶ 사전 / 서점 / 있습니다
→ ....

❷ 컴퓨터 / 사무실 / 없습니다
→ ....

❸ 학생 / 도서관 / 있습니다
→ ....

❹ 텔레비전 / 교실 / 없습니다
→ ....

2) 묻고 대답하십시오.

[보기] 가: 웨이가 어디에 있습니까?
나: 화장실에 있습니다.

❶ 리에
❷ 영수
❸ 마리아

과제 1 말하기

01 '가' 학생은 'B' 그림을 가리고, '나' 학생은 'A' 그림을 가리고 묻고 대답하십시오.

A

질문하십시오.

컴퓨터, 사전, 컵, 우유

[보기1] 가: 컴퓨터가 어디에 있습니까?
나: 책상 위에 있습니다.

B

질문하십시오.

신문, 전화, 맥주, 옷

[보기2] 나: 신문이 어디에 있습니까?
가: 책상 위에 있습니다.

컴퓨터 コンピューター　컵 コップ　우유 牛乳　신문 新聞
전화 電話　맥주 ビール　옷 服　침대 ベッド　냉장고 冷蔵庫

과제 2 읽고 쓰기

01 읽고 맞으면 O, 틀리면 X 표시를 하십시오.

학생회관에 서점이 있습니다. 은행도 있습니다.
서점은 1층에 있습니다. 은행은 지하에 있습니다.
학생회관 앞에 도서관이 있습니다.
도서관 지하에 식당이 있습니다.
식당에 사람이 많습니다.

❶ 은행은 서점 뒤에 있습니다. (　　　)
❷ 학생회관 지하에 서점이 있습니다. (　　　)
❸ 식당은 도서관 1층에 있습니다. (　　　)
❹ 도서관은 학생회관 옆에 있습니다. (　　　)

과제 2

02 그림을 보고 앞 글과 같이 쓰십시오.

학생회관에 ....

1층에 ....

지하에는 ....

.... 우체국이 있습니다.

1층 一階　지하 地下

会話

マリア	銀行はどこにありますか。
ヨンス	学生会館にあります。
マリア	学生会館はどこにありますか。
ヨンス	図書館の前にあります。

문법 설명

01 에[1]

場所を表す名詞に付く助詞で、人や物の位置を表す。主に「있다」,「없다」などとともに使われる。

- 친구가 미국에 있습니다. 友達がアメリカにいます。
- 교실에 텔레비전이 없습니다. 教室にテレビがありません。
- 고양이가 방에 없습니다. 猫が部屋にいません。
- 설악산이 강원도에 있습니다. ソラク山は江原道にあります。
- 지갑에 돈이 많습니다. 財布にお金がたくさんあります。

04 집이 어디입니까?

학습 목표 ● 과제 집 위치 말하기 ● 문법 하고 ● 어휘 장소 이름

영수가 무엇을 묻습니까?
영수는 어떻게 질문합니까?

CD1: 21~22

영수 집이 어디입니까?

마리아 신촌입니다.

영수 집 근처에 무엇이 있습니까?

마리아 백화점하고 지하철역이 있습니다.

집 家

근처 近く

백화점 デパート

지하철 地下鉄

역 駅

어휘

장소

백화점

극장

병원

약국

회사

가게

공원

시장

● 관계가 있는 단어를 쓰십시오.

[보기]

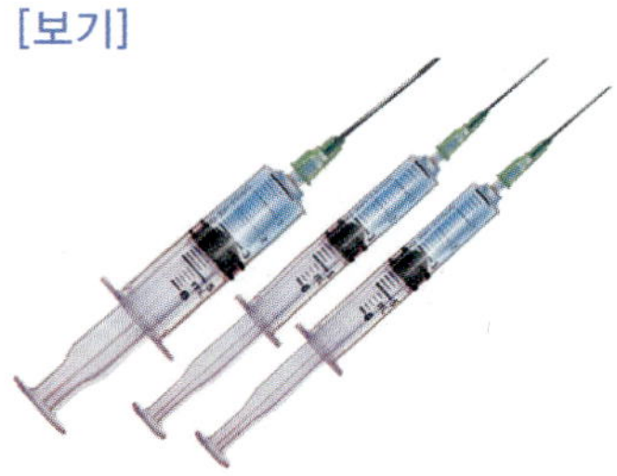

병원

❶

❷

❸

❹

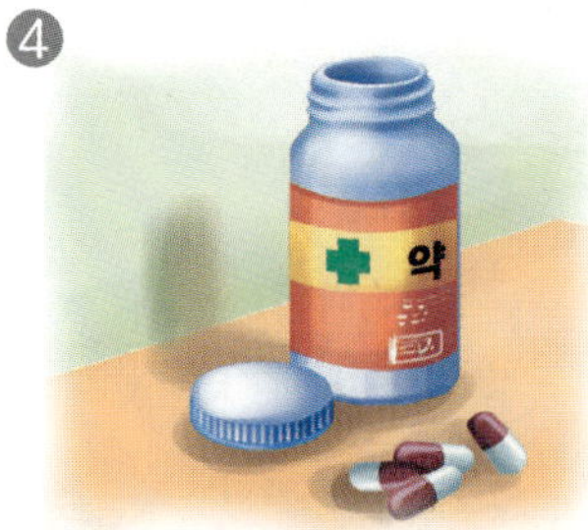

❺

문법 연습

하고

01 1) 묻고 대답하십시오.

[보기] 집

가: 집 근처에 무엇이 있습니까?

나: 집 근처에 우체국하고 백화점이 있습니다.

❶ 극장

❷ 지하철역

❸ 공원

❹ 병원

02 이야기하십시오.

[보기] 교실
교실에 책상하고 칠판하고 지도가 있습니다.

❶ 방
❷ 가방
❸ 학생회관
❹ 학교 앞

과제 1 말하기

친구의 집을 묻고 대답하십시오.

[보기] 제임스: 민철 씨, 집이 어디입니까?
민철: 잠실입니다.
제임스: 집 근처에 무엇이 있습니까?
민철: 백화점하고 롯데월드가 있습니다.

과제 2 읽기

01 ● 읽고 대답하십시오.

마리 씨 집은 봉원동에 있습니다.
봉원동은 연세대학교 근처에 있습니다.
집 옆에는 교회가 있습니다.
집 앞에는 가게가 있습니다.
가게 옆에 웨이 씨 집이 있습니다.
집 근처에는 공원이 있습니다. 공원이 참 좋습니다.

01 맞으면 O, 틀리면 X 표시를 하십시오.

❶ 마리 씨 집은 연세대학교 근처에 있습니다. (　　)
❷ 마리 씨 집 옆에 가게가 있습니다. (　　)
❸ 웨이 씨 집은 마리 씨 집 앞에 있습니다. (　　)
❹ 웨이 씨 집은 봉원동에 있습니다. (　　)
❺ 웨이 씨 집은 가게입니다. (　　)

02 알맞은 대답을 쓰십시오.

❶ 마리 씨 집은 어디입니까?

....

❷ 마리 씨 집 근처에는 무엇하고 무엇이 있습니까?

....

교회 教会　참 とても

会話

ヨンス　家はどこですか。
マリア　新村です。
ヨンス　家の近くに何がありますか。
マリア　デパートと地下鉄の駅があります。

문법 설명

01 하고

２つ以上の名詞を羅列する時に使う助詞である。

- 책하고 공책이 있습니다.　本とノートがあります。
- 빵하고 김밥을 먹습니다.　パンとのり巻きを食べます。
- 아버지하고 어머니가 계십니다.　父と母がいます。
- 가방하고 구두를 삽니다.　かばんと靴を買います。
- 한국말하고 일본말을 공부합니다.　韓国語と日本語を勉強します。

05 정리해 봅시다

● 읽어 봅시다 [CD1: 23]

1. 저것은 사전입니다
2. 달력이 있습니까?
3. 도서관 앞에 있습니다
4. 백화점하고 지하철역이 있습니다

● 확인해 봅시다

I

01 단어를 만드십시오.

창	약	우	문	책	사	전
국	의	체	자	맥	삼	컴
지	신	국	우	주	필	퓨
갑	통	냉	장	고	지	터
필	문	유	연	화	가	전
볼	펜	거	울	우	개	방

[보기] 약국

~10개 11개~14개 15개~

정리

02 방에 무엇이 있습니까? 모두 쓰십시오. (15개 이상)

책상

....

....

....

....

정리

II

01 빈칸에 쓰십시오.

도	에	은/는	이/가	하고

❶ 책상(　　　) 많습니다. 의자(　　　) 많습니다.

❷ 잡지(　　　) 책상 위(　　　) 있습니다.

❸ 지갑 안(　　　) 카드(　　　) 없습니다.

❹ 학생회관(　　　) 우체국(　　　) 식당(　　　) 있습니다.
약국(　　　) 없습니다.

02 맞는 것에 O 표시를 하십시오.

저는 에드워드 브라운(입니다, 있습니다). 저는 미국 사람(입니다, 있습니다). 집이 미국에 (입니다, 있습니다). 저는 회사원(입니다, 있습니다). 회사 이름이 '대한 컴퓨터' (입니다, 있습니다). 회사에 컴퓨터가 (입니다, 있습니다). 책상도 (입니다, 있습니다). 회사원이 많습니다. 한국 사람도 (입니다, 있습니다). 저는 한국 친구도 (입니다, 있습니다). 그 친구 이름이 민수(입니다, 있습니다).

III

01 다음 글을 앞 그림에 맞게 고치십시오.

우리 집이 신촌에 입니다.

[보기] 있습니다.

우리 집 근처에는 병원이 있습니다. 백화점도 있습니다. 우체국은 없습니다.

제 방에는 창문이 있습니다. 창문 옆에 책상이 있습니다.

책상 앞에 컴퓨터하고 전화가 있습니다. 책상 뒤에는 의자가 있습니다.

책상 위에 사전하고 지갑하고 필통이 있습니다. 신문도 있습니다.

연필하고 지우개가 필통 아래에 있습니다.

가방이 의자 옆에 있습니다. 그 가방은 큽니다. 가방 안에 신문이 있습니다.

냉장고 안에 맥주하고 우유하고 주스가 있습니다.

냉장고 옆에 그림이 있습니다.

02 자신의 방을 그리고 설명하십시오.

제임스가 본 한국

週末のお出掛けスポット

週末はどんな所に行ってみたいですか。
私がソウルの名所を紹介しましょう。
ソウルの昔の雰囲気を味わいと思ったら、故宮や仁寺洞に行ってみてください。
ソウルには景福宮を初めとして、徳寿宮、昌徳宮、昌景宮、宗廟などの5大故宮があります。故宮というのは昔の王様が住んでいた所で、景色も美しく市民から愛されている所です。全てソウル市内にあるので気軽に行けます。
また仁寺洞に行くと、いろいろな韓国の傳伝の物、記念品、骨董品や陶磁器を見ることができます。韓国式の食堂や伝統的な茶店が多く、韓国の趣きを感じることができます。
若者達の生活を見たければ、新村の大学街に行ってみてください。新村には延世大学、梨花女子大学、西江大学、弘益大学などのいろいろな大学が集まっていて、若さを感じることができます。ここはいつも大学生や若い会社員でにぎわっていて、若者向きのレストランや飲み屋、バー、喫茶店などがたくさんあります。

여기가 어디입니까? 어디에 가고 싶습니까?

韓国の位置と大きさ

韓国はアジア大陸の東の端に位置した国です。このような位置にあるため、現在韓国は中国、日本、ロシアなどの東アジアの政治、経済、文化の交流に重要な役割を果たしています。

韓国が位置している朝鮮半島は南北の長さが約1,100kmで、総面積は22万㎢です。このうち韓国の面積は9.9万㎢です。ですから韓国はアメリカの一つの州の大きさぐらいだと言っていいでしょう。しかし人口は4千万人をはるかに越えて、人口密度はバングラデシュ、台湾に次いで世界第3位です。反面、北朝鮮は大きさは韓国と同じぐらいですが、人口は2千3百万人で韓国の半分ほどしかありません。

한국 근처에 어느 나라가 있습니까? 나라 이름을 쓰십시오.

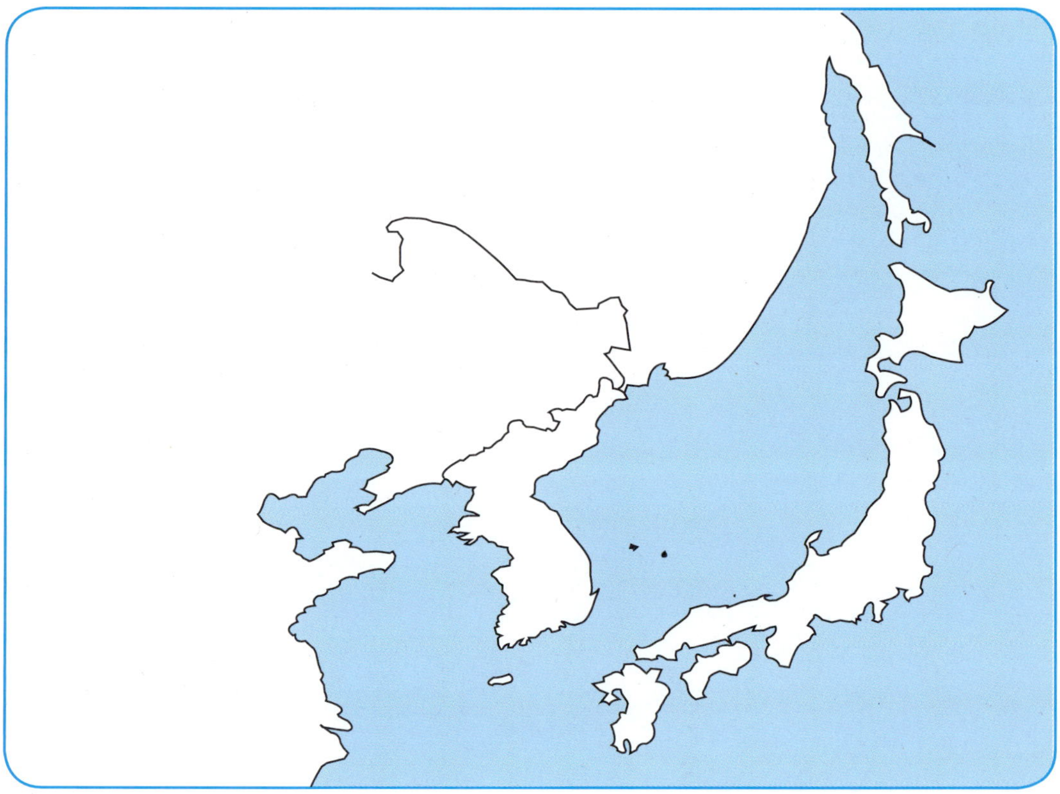

제3과 가족과 친구

01
제목 | 가족 사진을 봅니다
과제 | 지금 하고 있는 일 말하기
어휘 | 동사 2
문법 | 을/를

02
제목 | 부모님은 어디에 계십니까?
과제 | 가족 소개하기
어휘 | 가족 명칭, 존대 어휘, 수 1 (하나–열)
문법 | –으시–

03
제목 | 공기도 좋고 조용합니다
과제 | 고향에 관해 말하기
어휘 | 형용사 2
문법 | –고[1]

04
제목 | 대학교에서 경제학을 공부합니다
과제 | 친구에 관해 말하기
어휘 | 전공 관련 어휘
문법 | 에서

05
정리해 봅시다

- 제임스가 본 한국
  호칭
  아줌마와 아저씨

01 가족 사진을 봅니다

학습 목표 ● 과제 지금 하고 있는 일 말하기 ● 문법 을/를 ● 어휘 동사 2

여기가 어디입니까?
두 사람이 무엇을 합니까?

CD1: 24 ~ 25

민철 제임스 씨, 무엇을 합니까?

제임스 가족 사진을 봅니다.

민철 사진을 자주 봅니까?

제임스 아니요, 가끔 봅니다.

하다	する
가족	家族
사진	写真
보다	見る
자주	よく、度々
가끔	ときどき

어휘

동사 2

일(을) 하다

공부(를) 하다

숙제(를) 하다

이야기(를) 하다

노래(를) 하다

운동(을) 하다

산책(을) 하다

● 그림을 보고 쓰십시오.

문법 연습

을/를

01 맞는 것에 O 표시를 하십시오.

[보기] 저는 공책(을, 를) 삽니다.

❶ 저는 옷(을, 를) 입습니다.

❷ 한국 사람은 밥(을, 를) 먹습니다.

❸ 정희 씨는 교과서(을, 를) 읽습니다.

❹ 제임스 씨는 노래(을, 를) 듣습니다.

02 대답을 쓰십시오.

[보기] 가: 무엇을 삽니까? (연필)
나: 연필을 삽니다.

❶ 가: 무엇을 먹습니까? (김치)
나: ....

❷ 가: 무엇을 봅니까? (영화)
나: ....

❸ 가: 무엇을 읽습니까? (책)
나: ....

❹ 가: 누구를 만납니까? (친구)
나: ....

과제 1 말하고 쓰기

01 묻고 대답하십시오.

[보기] 가: 웨이 씨는 무엇을 합니까?
나: 노래를 합니다.

영수

리에

마리아

제임스

웨이

02 그림을 보고 쓰십시오.

[보기] 영수 씨는 산책을 합니다. 리에 씨는 책을 읽습니다.

과제 2 말하기

01 친구와 묻고 대답하고 표시하십시오.

[보기] 음악을 자주 듣습니까?
네, 자주 듣습니다. / 아니요, 가끔 듣습니다.

	날마다	자주	가끔
음악	✓		
운동			
숙제			
산책			
책			
노래			

02 표를 보고 친구의 이야기를 하십시오.

[보기] .... 씨가 음악을 날마다 듣습니다. 운동도 날마다 합니다. 숙제도 날마다 합니다. 산책을 가끔 합니다. 노래도 가끔 부릅니다. 책을 자주 읽습니다.

음악 音楽 날마다 每日 부르다 歌う

会話

ミンチョル　ジェームスさん、何をしていますか。
ジェームス　家族の写真を見ています。
ミンチョル　写真をよく見ますか。
ジェームス　いいえ、ときどき見ます。

문법 설명

01 을/를

その名詞が文の目的語であることを表す助詞である。名詞が子音で終わる時は「을」を使い、母音で終わる時は「를」を使う。

• 그분은 신문을 봅니다.	その方は新聞を読んでいます。
• 이 아이는 빵을 좋아합니다.	この子供はパンが好きです。
• 학생들이 노래를 잘 부릅니다.	学生が歌を上手に歌います。
• 나는 친구를 기다립니다.	私は友達を待っています。
• 점심에는 보통 김밥을 먹습니다.	昼御飯は、普通のり巻きを食べます。

02 부모님은 어디에 계십니까?

학습 목표 ● 과제 가족 소개하기 ● 문법 -으시- ● 어휘 가족 명칭, 존대 어휘, 수 1 (하나-열)

두 사람이 무슨 이야기를 합니까?
민철이 어떻게 질문합니까?

CD1: 26 ~ 27

민철 가족이 몇 명입니까?

제임스 아버지, 어머니, 누나 그리고 저 모두 네 사람입니다.

민철 부모님은 어디에 계십니까?

제임스 고향에 계십니다.

몇 何、いくつ
명 名
아버지 父
어머니 母
누나 姉
모두 みんな
넷/ 네 四
부모님 ご両親
계시다 いらっしゃる
고향 故郷

어휘

가족

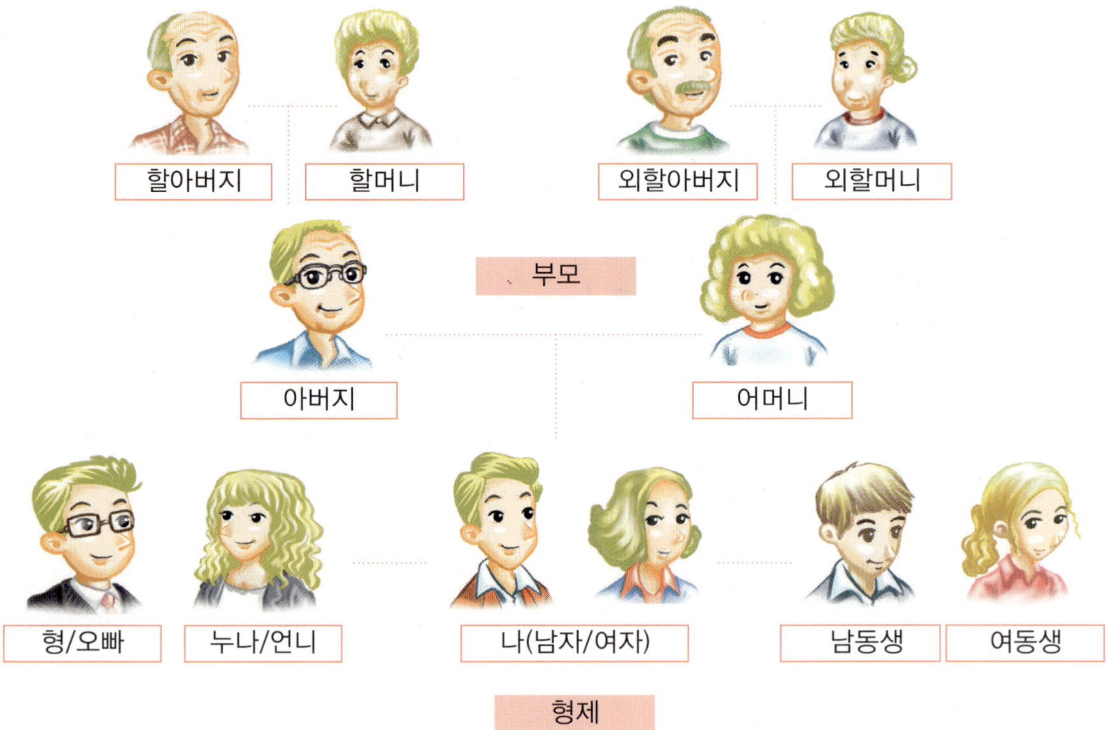

존대어

'여동생이'	'할머니께서'
있다	계시다
자다	주무시다
먹다	잡수시다/드시다
말하다	말씀하시다

어휘

표를 완성하고 이야기하십시오.

가족	무엇을 합니까?
할아버지	주무십니다
할머니	
아버지	
	텔레비전을 보십니다
	공부합니다

[보기] 가: 할아버지께서 무엇을 하십니까?
나: 할아버지께서 주무십니다.

수 1 (하나–열)

- 하나  한 [명사] / 한 명
- 둘  두 [명사] / 두 명
- 셋  세 [명사] / 세 명
- 넷  네 [명사] / 네 명
- 다섯  다섯 [명사] / 다섯 명
- 여섯  여섯 [명사] / 여섯 명
- 일곱  일곱 [명사] / 일곱 명
- 여덟  여덟 [명사] / 여덟 명
- 아홉  아홉 [명사] / 아홉 명
- 열  열 [명사] / 열 명

어휘

그림을 보고 알맞은 숫자를 쓰십시오.

[보기] 학생 하나, 학생 한 명

❶ 가방 ________, 가방 ________ 개

❷ 책상 ________, 책상 ________ 개

❸ 의자 ________, 의자 ________ 개

❹ 책 ________, 책 ________ 권

문법 연습

-으시-

01 1) 표를 완성하십시오.

옵니다	[보기] 오십니다
씁니다	
인사합니다	
읽습니다	

2) 쓰십시오.

[보기] 제 동생이 학교에 갑니다. → [보기] 우리 아버지께서 회사에 가십니다.

동생이 공부를 합니다.	아버지께서 일을 ________.
동생이 친구가 많습니다.	아버지께서 친구가 ________.
동생이 텔레비전을 봅니다.	아버지께서 신문을 ________.
동생이 텔레비전을 좋아합니다.	아버지께서 신문을 ________.

과제 1 말하기

01 친구에게 질문하고 표를 채우십시오.

가족	하는 일	사는 곳
아버지	은행원	고향
어머니		
형/오빠		
누나/언니		
동생		
나		

[보기] 가: 아버지께서 무엇을 하십니까?
나: 은행원이십니다.
가: 어디에 계십니까?
나: 고향에 계십니다.

02 친구 가족을 소개하십시오.

과제 2 읽고 쓰기

01 읽고 대답하십시오.

우리 가족은 모두 여섯 사람입니다.
저는 언니가 하나, 남동생이 한 명 있습니다.
할머니하고 부모님은 고향에 계십니다. 아버지는 선생님이십니다.
어머니는 주부이십니다. 할아버지는 안 계십니다.
남동생도 고향에 있습니다. 남동생은 고등학생입니다.
언니하고 저는 서울에 있습니다. 언니는 회사원입니다. 저는 대학생입니다.
저는 할머니를 아주 좋아합니다. 우리 할머니는 재미있으십니다.

1) 맞는 것을 고르십시오.

❶ 언니 – 회사원　　❷ 아버지 – 은행원
❸ 남동생 – 대학생　　❹ 어머니 – 선생님

2) 맞으면 O, 틀리면 X 표시를 하십시오.

❶ 우리 가족은 모두 같이 삽니다. (　　)
❷ 할아버지하고 할머니 그리고 부모님은 고향에 계십니다. (　　)
❸ 저는 여자입니다. (　　)
❹ 언니는 서울에서 일합니다. (　　)

02 여러분의 가족사진을 가지고 소개하는 글을 쓰십시오.

....

....

....

....

우리 私たち、うちの　주부 主婦　안 しない(動詞や形容詞の否定形)　고등학생 高校生
서울 ソウル　아주 とても　재미있다 おもしろい　같이 一緒に　살다 住む　에서 で, から

会話

ミンチョル 家族は何人ですか。
ジェームス 父、母、姉それから私の4人です。
ミンチョル ご両親はどこにいらっしゃいますか。
ジェームス 故郷にいます。

문법 설명

01 –으시/시–

動詞や形容詞の語幹に付く接尾辞で，主語に敬意を表すときに使う。動詞や形容詞の語幹が子音で終わる時は「–으시–」を使い、母音で終わる時は「–시–」を使う。この場合、主格助詞は「께서」が普通である。

- 어머니께서 가십니다. 母が行きます。
- 김 선생님께서 가르치십니다. 金先生が教えられます。
- 아버지께서는 신문을 읽으십니다. 父は新聞を読まれています。
- 무슨 영화를 보셨습니까? どんな映画をご覧になりましたか。
- 내일 회사에 가시겠습니까? 明日会社にいらっしゃいますか。

「–으시–」を使わないで、動詞自体が変わる動詞がある。

- 자다 → 주무시다 お休みになる
- 먹다 → 잡수시다/드시다 召し上がる
- 있다 → 계시다 いらっしゃる

02 数詞 1 (하나−열)

物や人を数えるときは、助数詞とともに使われるが、その助数詞はその対象が何かによって異なる。数を数える「하나, 둘, 셋, 넷」が名詞の前に来ると「한, 두, 세, 네」になる。

- 사람 한 명/두 명　　人 一人/二人
- 사과 세 개/네 개　　りんご 3個/４個
- 책 다섯 권/여섯 권　　本 ５冊/６冊
- 종이 일곱 장/여덟 장　　紙 ７枚/８枚

03 공기도 좋고 조용합니다

학습 목표 ● 과제 고향에 관해 말하기 ● 문법 -고[1] ● 어휘 형용사 2

무슨 사진입니까?
민철이가 무엇을 묻습니까?

CD1: 28 ~ 29

민철 여기가 고향입니까?

제임스 네, 우리 고향에는 산이 많습니다.

민철 공기가 좋습니까?

제임스 네, 공기도 좋고 조용합니다.

산 山
공기 空気
조용하다 静かだ

어휘

형용사 2

깨끗하다

더럽다

조용하다

시끄럽다

넓다

좁다

춥다

덥다

시원하다

따뜻하다

예쁘다

복잡하다

● 반대되는 말을 찾아 연결하십시오.

[보기] 덥습니다 •	• 좁습니다
깨끗합니다 •	• 시끄럽습니다
조용합니다 •	• 춥습니다
넓습니다 •	• 더럽습니다

문법 연습

-고[1]

01

1) 한 문장으로 만드십시오.

[보기] 교실이 넓습니다. 깨끗합니다.
➔ 교실이 넓고 깨끗합니다.

❶ 주스가 맛있습니다. 시원합니다.
➔ ....

❷ 우체국이 좁습니다. 복잡합니다.
➔ ....

❸ 도서관이 큽니다. 조용합니다.
➔ ....

2) 대답하십시오.

크다　시끄럽다　재미있다　좋다　깨끗하다　예쁘다　넓다　더럽다

[보기] 가: 가방이 어떻습니까?
나: 가방이 크고 좋습니다.

❶ 가: 교실이 어떻습니까?
나: ....

❷ 가: 집이 어떻습니까?
나: ....

❸ 가: 친구가 어떻습니까?
나: ....

과제 1 듣고 쓰기 [CD1: 30]

01 듣고 대답하십시오.

1) 부산은 어떻습니까?

❶ 많습니다 ❷ 큽니다 ❸ 시끄럽습니다 ❹ 덥습니다

2) 부산에 무엇이 있습니까?

(   )하고 (   )하고 (   )이/가 있습니다.

3) 부산사람들은 어떻습니까?

❶ 덥습니다 ❷ 따뜻합니다 ❸ 시끄럽습니다 ❹ 시원합니다

02 듣고 (   )에 쓰십시오.

제 고향은 부산입니다. 부산은 (   )고 사람들이 (   ).

부산에는 바다가 있습니다. 그래서 생선이 (   ).

그리고 대학교하고 (   )도 있습니다.

겨울에는 (   )고 여름에는 (   ).

부산 (   )들은 친절하고 (   ).

저는 제 (   )을 아주 사랑합니다.

들 たち(複数) 바다 海 그래서 それで 생선 魚 대학교 大学
겨울 冬 여름 夏 친절하다 親切だ 사랑하다 愛する

과제 2 말하고 쓰기

01 친구에게 묻고 대답을 쓰십시오.

질문 \ 이름	[보기] 영희	친구 1 ________	친구 2 ________
고향이 어디입니까?	부산		
고향에 무엇이 있습니까?	바다		
무엇이 많습니까?	생선		
사람들이 어떻습니까?	친절합니다		
고향이 어떻습니까?	좋습니다		

02 고향에 대해 〈과제1〉과 같이 쓰고 발표하십시오.

어떻다 どうだ

会話

ミンチョル　ここが故郷ですか。
ジェームス　はい、私の故郷には山が多いです。
ミンチョル　空気がいいですか。
ジェームス　はい、空気もいいし、静かです。

문법 설명

01 －고[1]

動詞と形容詞の語幹に付く連結語尾である。２つ以上の動詞や形容詞を繋げるときに使う。

• 어제부터 열이 나고 기침이 납니다.	昨日から熱が出て、せきが出ます。
• 어제는 바람이 불고 눈이 왔습니다.	昨日は風が吹いて雪が降りました。
• 남대문 시장은 옷이 싸고 좋습니다.	南大門市場は服が安くていいです。
• 어제는 바쁘고 힘들었습니다.	昨日は忙しく大変でした。
• 내일은 춥고 비가 오겠습니다.	明日は寒くて、雨が降るでしょう。

04 대학교에서 경제학을 공부합니다

학습 목표 ● 과제 친구에 관해 말하기 ● 문법 에서 ● 어휘 전공 관련 어휘

두 사람이 무슨 이야기를 합니까?
제임스의 친구는 무엇을 합니까?

CD1: 31 ~ 32

민철 고향에 한국 친구가 있습니까?

제임스 네, 한 명 있습니다.

민철 그 친구는 무엇을 합니까?

제임스 대학교에서 경제학을 공부합니다.

경제학
経済学

어휘

전공

- 연결하십시오.

[보기] 영어 선생님 •	• 법학
컴퓨터 프로그래머 •	• 의학
변호사 •	• 컴퓨터 공학
의사 •	• 영문학
사장 •	• 경영학

문법 연습

에서

01

1) 연결하십시오.

[보기] 회사 •	• 친구를 만나다
학교 •	• 일하다
공원 •	• 밥을 먹다
집 •	• 공부를 하다
학생회관 •	• 텔레비전을 보다
식당 •	• 산책하다

2) 1)을 보고 묻고 대답하십시오.

[보기] 가: 어디에서 일합니까?
나: 회사에서 일합니다.

과제 1 쓰고 말하기

01 대답을 쓰십시오.

질문	대답
한국 친구가 있습니까?	
한국 친구가 몇 명 있습니까?	
친구 이름이 무엇입니까?	
그 친구는 무엇을 합니까?	

02 위의 표를 보고 대화하십시오.

[보기] 가: 한국 친구가 있습니까?
나: 네, 있습니다.

과제 2 말하고 쓰기

01 친구 두 명을 골라 표를 채우십시오. 옆 사람과 그 친구에 대해 묻고 대답하십시오.

	[보기] 친구 1	친구 2 …………	친구 3 …………
이름	제임스		
사는 곳	하와이		
가족	아버지, 어머니, 누나, 여동생		
직업	학생		
전공	역사학		

1) 친구 이름이 무엇입니까?

2) 어디에 있습니까?

3) 가족이 몇 사람 있습니까?

4) 무엇을 합니까?

5) 전공이 무엇입니까?

02 친구를 소개하는 글을 쓰십시오.

[보기] 제 친구를 소개합니다.
이름은 제임스입니다.
제임스는 하와이에 있습니다.
제임스는 아버지, 어머니, 누나와 여동생이 있습니다.
그 친구는 학생입니다. 역사학을 공부합니다.

会話

ミンチョル	故郷に韓国の友達がいますか。
ジェームス	はい、一人います。
ミンチョル	その友達は何をしていますか。
ジェームス	大学で経済学を勉強しています。

문법 설명

01 에서

場所を表す名詞に付いて、動作が行われる場所を表す助詞である。

- 도서관에서 공부합니다. 図書館で勉強します。
- 어디에서 친구를 만납니까? どこで友達に会いますか。
- 방에서 무엇을 합니까? 部屋で何をしますか。
- 신촌에서 삽니다. 新村に住んでいます。
- 교실에서 담배를 피우지 마십시오. 教室でたばこを吸わないでください。

05 정리해 봅시다

● 읽어 봅시다 [CD1: 33]

1. 듣습니다
2. 몇 사람입니까?
3. 공기도 좋고
4. 무엇을 합니까?

● 확인해 봅시다

I

좁다	따뜻하다	예쁘다	넓다
덥다	복잡하다	시끄럽다	깨끗하다
춥다	조용하다	더럽다	시원하다

다음 장소와 관계있는 것을 모두 골라 쓰십시오.

1) 교실 :
2) 고향:
3) 방 :
4) 친구:
5) 서울:

정리

II

01 위의 단어를 이용해서 '-고' 게임을 합시다.

[보기] 선생님: 교실이 어떻습니까?
학생 1: 교실이 큽니다.
학생 2: 교실이 크고 조용합니다.
학생 3: 교실이 크고 조용하고 깨끗합니다.

1) 고향이 어떻습니까?
2) 방이 어떻습니까?
3) 친구가 어떻습니까?
4) 서울이 어떻습니까?

02 맞는 것에 O 표시를 하십시오.

우리 가족은 모두 네 명입니다. 부모님하고 여동생이 있습니다. 부모님은 미국(에, 에서) 계십니다. 아버지는 은행(에, 에서) 일하십니다. 어머니는 의사이십니다. 여동생은 일본(에, 에서) 있습니다. 일본 대학교(에, 에서) 일본어를 공부합니다. 저는 한국어학당(에, 에서) 한국말을 공부합니다. 날마다 도서관(에, 에서) 숙제를 합니다. 도서관은 학생식당 앞(에, 에서) 있습니다. 우리 교실은 3층(에, 에서) 있습니다.

정리

III

01 친구 가족에 대해 질문하고 쓰십시오.

[보기 1] 가: 가족이 몇 명입니까?
나: 네 명입니다.
가: 누가 있습니까?
나: 아버지하고 어머니하고 저하고 여동생이 있습니다.
가: 아버지는 무엇을 하십니까?
나: 학교 선생님이십니다.
가: 어디에 계십니까?
나: 북경에 계십니다.

	가족	직업	사는 곳	기타
[보기2]	아버지	선생님	북경	
1)				
2)				
3)				
4)				
5)				

02 친구의 가족을 소개하십시오.

저는 ____________ 씨 가족을 소개하겠습니다.

____________ 씨 가족은 모두 ______ 명입니다.

____ 이/가 있습니다.

____________ 은/는 ____

____

____

____

____

____

____

____

____

제임스가 본 한국

呼称

韓国語の家族や親戚の呼び方はとても多様です。大体家族というと祖父、祖母そして父、母、兄弟を言います。そして父方の親戚と母方の親戚を区別するために父方は「친」、母方は「외」という言葉を呼称の前に付けて区別します。しかし父方の「친」は省かれることが多いです。

父の両親は「(친)할아버지, (친)할머니」、父の兄は「큰아버지, 둘째큰아버지」などと呼び、父の兄弟で未婚か既婚かによって「작은 아버지」、または「삼촌」と呼びます。父の姉や妹は「고모」と呼びます。母の両親は「외할아버지, 외할머니」と呼び、母の兄や弟は「외삼촌」、姉妹は「이모」と呼びます。ですから韓国では親戚を呼ぶとき父方か母方か、未婚か既婚か、男性か女性かを全て考えなければなりません。

兄弟の呼び方も、呼ぶ人が男性か女かによって変わります。私が男性だったら、私より年上の兄弟は「형」、年上の女性は「누나」になります。また私が女だったら、私より年上の男性は「오빠」、年上の女性は「언니」になります。一度ミソンさんの「언니(お姉さん)」に、ミソンさんが呼んだように「언니」と呼んで恥をかいたことがあります。いつになれば私もこのような呼称に慣れるでしょうか。

다음 사람의 호칭을 쓰십시오.

- 아버지의 누나: ....
- 아버지의 남동생: ....
- 어머니의 여동생: ....
- 어머니의 아버지: ....

「아줌마」と「아저씨」

韓国では知らない人を呼ぶときも家族や親戚の呼称を使います。初めて韓国に来たときは、おばさん、おじさん、おばあさん、おじいさんという言葉がとてもたくさん聞こえて来て、韓国人はどうしてこんなに家族が多いのかと不思議に思いました。しかし後になって、家族関係とは別にそのような呼称が使われることを知って疑問が解けました。
一番よく使われるのは「아줌마(おばさん)」と「아저씨(おじさん)」です。もともと「아줌마」と「아저씨」は親戚関係で使われる言葉です。しかし一般的に結婚している女性に「아줌마」、男性に「아저씨」と呼びます。だいたい30代から60代の初めの男女を呼ぶとき使います。そして普通、孫のいる年を取った女性、男性を「할머니, 할아버지」と呼びますが、だいたい60代後半からこのように呼ばれます。10代と20代の初めの場合、普通「학생」と呼びますが、20代初めの女性は「아가씨」と呼ぶことも多いです。20代の中頃から後半の場合は「아가씨」と呼び、男性は「아저씨」と呼びます。しかしこのような呼称は、はっきりした年齢基準があるわけではなく、外見で適当に判断して呼ぶものなので、ときどき失礼になることもあります。例えば「아가씨」に「아줌마」と呼んだらとても失礼になります。ですから外見で判断しにくい場合には若い方を使った方がいいと思います。前食堂で「아줌마」に「아가씨」と言ったところ、아줌마がとても喜んでおかずをサービスしてくれたこともあります。

한국 사람들은 여러분을 어떻게 부릅니까?

제4과 음식

01 식당에 갑니다

학습 목표 ● 과제 식당에 가기 ● 문법 에 가다, -을까요?¹, -읍시다 ● 어휘 가다, 오다, 식당 관련 어휘

여기가 어디입니까?
마리아는 어디에 갑니까?

CD1: 34~35

리에 마리아 씨, 어디에 갑니까?

마리아 식당에 갑니다.

리에 누구하고 갑니까?

마리아 혼자 갑니다.

리에 같이 갈까요?

마리아 네, 그럽시다.

하고
と

혼자
一人

그럽시다
そうしましょう

어휘

가다, 오다

가다

오다

나가다

들어오다

올라가다

내려오다

● 그림을 보고 쓰십시오.

❶ 리에 ....

❷ 마이클 ....

❸ 미선 ....

❹ 마리아 ....

❺ 제임스 ....

어휘

식당

한식집

중국집

일식집

양식집

● 연결하십시오.

[보기] 한식집　　일식집　　중국집　　양식집

문법 연습 말하기

에 가다

01 문장을 만드십시오.

[보기] 공부를 합니다. ➔ 학교에 갑니다.

식당 학교 백화점 도서관 공원 사무실

❶ 밥을 먹습니다. ➔ ....

❷ 지갑을 삽니다. ➔ ....

❸ 책을 읽습니다. ➔ ....

❹ 일을 합니다. ➔ ....

❺ 산책을 합니다. ➔ ....

-을까요?[1], -읍시다

02 1) 표를 완성하십시오.

먹다	먹을까요?	먹읍시다
사다		
공부하다		
읽다		

2) 이야기를 완성하십시오.

[보기] 미선: 식당에 갈까요?
민철: 네, 식당에 갑시다.

[식당에서]

미선: 비빔밥을 (먹다) ....?
민철: 아니요, 불고기를 (먹다).........

미선: 영화를 (보다) ....?
민철: ....

미선: 같이 (산책하다) ....?
민철: ....

미선: 내일도 만날까요?
민철: ....

과제 1 말하기

01 묻고 대답하십시오.

[보기] 가: 어디에 갑니까?
나: 공원에 갑니다.
가: 누구하고 갑니까?
나: 혼자 갑니다.
가: 같이 갈까요?
나: 네, 그럽시다.
가: 공원에서 무엇을 할까요?
나: 산책을 합시다.

02 위 대화를 [보기]와 같이 발표하십시오.

[보기] 저는 공원에 갑니다.
친구하고 같이 갑니다.
공원에서 산책을 합니다.

과제 2 듣고 말하기 [CD1: 36]

01 듣고 표를 완성하십시오.

가깝다　　값이 싸다　　음식이 많다　　조용하다　　깨끗하다

이름	식당	이유
웨이		
제임스		
미선		

02 이 사람들이 오늘 어디에 갑니까?

03 여러분이 자주 가는 식당과 이유를 이야기하십시오.

[보기] 저는 일식집에 갑니다.
일식집은 조용합니다.

정문 正門　학생식당 学生食堂　가깝다 近い　그래요? そうですか
음식 食べ物、料理　오늘 今日　값 値段、代金　싸다 安い

会話

りえ　マリアさん、どこへ行きますか。
マリア　食堂へ行きます。
りえ　誰と行きますか
マリア　一人で行きます。
りえ　一緒に行きましょうか。
マリア　ええ、そうしましょう。

문법 설명

01 에 가다/오다

가다/오다(行く/来る)」の前に場所を表す助詞の「에」が来ると、その名詞が目的地であることを表す。

- 날마다 학교에 갑니다.　毎日学校に行きます。
- 친구가 우리 집에 옵니다.　友達が私の家に来ます。
- 어디에 갑니까?　どこへ行きますか。
- 할아버지께서 병원에 가십니다.　祖父が病院へ行きます。
- 선생님께서 교실에 들어가십니다.　先生が教室にお入りになります。

02 -을까요?[1]/ㄹ까요?

動詞の語幹に付く終結語尾である。相手にある行為を一緒にしようと提案したり、意見を聞いたりする場合に使う。動詞の語幹が、母音で終わった時は「-ㄹ까요」を、子音で終わった時は「-을까요」を使う。

- 점심을 같이 먹을까요?　昼御飯を一緒に食べましょうか。
- 무슨 음식을 만들까요?　どんな料理を作りましょうか。
- 도서관에 갈까요?　図書館に行きましょうか。

• 내일 만날까요?	明日会いましょうか。
• 무슨 영화를 볼까요?	どんな映画を見ましょうか。

03 -읍시다/ㅂ시다

動詞の語幹に付く終結語尾である。相手にある行為を一緒にしようと提案するときに使う。動詞の語幹が、母音で終わった時は「-ㅂ시다」、子音で終わった時は「-읍시다」を使う。

• 한국 음식을 먹읍시다.	韓国料理を食べましょう。
• 여기에 잠깐 앉읍시다.	ここに少し座りましょう。
• 도서관 앞에서 만납시다.	図書館の前で会いましょう。
• 영화를 봅시다.	映画を見ましょう。
• 불고기를 시킵시다.	ブルコギを頼みましょう。

02 무슨 음식을 좋아하십니까?

학습 목표 ● 과제 좋아하는 음식 말하기 ● 문법 -지 않다, 무슨, ㄹ 동사 ● 어휘 음식 종류, 맛 관련 어휘

두 사람이 무엇에 대해 이야기합니까?
마리아는 무슨 음식을 좋아합니까?

CD1: 37 ~ 38

리에 무슨 음식을 좋아하십니까?
마리아 저는 불고기를 좋아합니다.
리에 불고기는 맛이 어떻습니까?
마리아 아주 맛있습니다.
리에 맵지 않습니까?
마리아 네, 외국인들도 잘 먹습니다.

무슨 どんな, るんの
맛 味
맛있다 おいしい
맵다 辛い
외국인 外国人
잘 よく

어휘

음식 이름 1

한식

중국 음식

일식

양식

불고기

자장면

초밥

스테이크

● 연결하십시오

[보기] 불고기 • ——— • 한식

초밥 •   • 중국음식

자장면 •   • 양식

스테이크 •   • 일식

어휘

맛

맛있다 맛없다

맵다 달다 쓰다 시다 짜다 싱겁다

● 연결하십시오.

[보기]

맵습니다 답니다 십니다 짭니다 씁니다

문법 연습

-지 않다

01 그림을 보고 쓰십시오.

한국	호주
음식이 맵습니다.	[보기] 음식이 맵지 않습니다.
김치를 먹습니다.	
시끄럽습니다.	
사람이 많습니다.	
크리스마스에는 춥습니다.	

무슨

02 질문을 만들고 표를 완성하십시오.

질문 \ 친구 이름		
음식: 무슨 음식을 좋아합니까?		
음악:		
책:		
차:		

문법 연습

ㄹ 동사

03 1) 표를 완성하십시오.

	-습니다/ㅂ니다	-으십니다/십니다	-읍시다/ㅂ시다
달다	답니다		
살다			
알다		아십니다	
열다			
놀다			놉시다
만들다			

2) 문장을 완성하십시오.

❶ 아이스크림이 .... 습니다/ㅂ니다.

❷ 어머니가 불고기를 .... 습니다/ㅂ니다.

❸ 저는 한국말을 조금 .... 습니다/ㅂ니다.

과제 1 말하기

01 친구에게 좋아하는 음식을 질문하십시오.

[보기 1]
가: 리에 씨는 한식을 좋아합니까?
나: 네, 좋아합니다.
가: 무슨 음식을 좋아합니까?
나: 불고기를 좋아합니다.

[보기 2]
가: 웨이 씨는 한식을 좋아합니까?
나: 아니요, 좋아하지 않습니다.
가: 그럼 중국 음식을 좋아합니까?
나: 네, 중국 음식을 좋아합니다.

02 친구가 좋아하는 음식을 발표하십시오.

[보기] 리에 씨는 한식하고 양식을 좋아합니다.
불고기하고 스테이크를 좋아합니다.

과제 2 듣고 쓰기 [CD1: 39]

01 듣고 연결하십시오.

불고기 •	• 달다
[보기] 고추 •	• 싱겁다
김치 •	• 짜다
식혜 •	• 시다
	• 맵다

02 여러분 나라의 음식 이름과 맛을 쓰십시오.

음식 이름	맛
[보기] 카레	맵습니다

좀 少し　간장 醤油　고추 唐辛子　식혜 シッケ(米を発酵させた飲み物)　카레 カレー

会話

りえ　どんな食べ物がお好きですか。
マリア　私はブルコギが好きです。
りえ　味はどうですか。
マリア　とてもおいしいです。
りえ　辛くありませんか。
マリア　ええ、外国人もよく食べます。

문법 설명

01 -지 않다

「-지 않다」は動詞、形容詞の語幹に付く表現である。主語の行為や状態を否定するときに使う。命令や勧誘には使わない。

- 내일은 학교에 가지 않습니다.　明日は学校へ行きません。
- 그 학생은 김치를 먹지 않습니다.　その学生はキムチを食べません。
- 요즘은 바쁘지 않습니까?　最近は忙しくありませんか。
- 기분이 좋지 않습니다.　気分がよくありません。
- 음식이 맵지 않습니다.　料理が辛くありません。

02 ㄹ 동사

語幹が「ㄹ」で終わる動詞が「ㄴ, ㅂ, ㅅ 」で始まる語尾と結び付くと、語幹の「ㄹ」が落ちる。

살다 : 살 + ㅂ니다　→ 삽니다
알다 : 알 + ㅂ니까　→ 압니까?
놀다 : 놀 + 는　→ 노는

팔다 : 팔 + 니까 → 파니까
만들다 : 만들 + 십시오 → 만드십시오.

• 한국말을 압니까?	韓国語がわかりますか。
• 한국 음식을 만드십시오.	韓国料理を作ってください。
• 남대문 시장에서 물건을 많이 팝니다.	南大門市場で物をたくさん売っています。
• 저기에서 우는 아이를 아세요?	あそこで泣いている子供を知っていますか。

03 저는 불고기를 먹고 싶습니다

학습 목표 ● 과제 음식 고르고 권하기 ● 문법 -고 싶다, -겠-[1] ● 어휘 음식 이름

마리아와 리에가 어디에서 이야기합니까?
여기에는 무슨 음식이 있습니까?

CD1: 40 ~ 41

리에 이 식당에서는 무슨 음식이 맛있습니까?

마리아 비빔밥이 맛있습니다.

리에 불고기는 어떻습니까?

마리아 불고기도 맛있습니다.

리에 저는 불고기를 먹고 싶습니다.

마리아 그럼 저는 비빔밥을 먹겠습니다.

음식 이름 2

1) 정희 씨는 무엇을 먹습니까? 그림을 보고 쓰십시오.

아침: [보기] 밥 ....

점심: ....

저녁: ....

2) 여러분은 한국에서 무슨 음식을 먹습니까? 쓰십시오.

....

문법 연습

-고 싶다

01 그림을 보고 문장을 만드십시오.

[보기]

저는 김밥을 먹고 싶습니다.

❶

❷

❸

❹

❺

-겠-[1]

02 1) 내일 무엇을 하겠습니까? 쓰십시오.

[보기] 학교에 오겠습니다.

❶ ....

❷ ....

❸ ....

2) 묻고 대답하십시오.

[보기] 가: 어디에 가겠습니까?
나: 설악산에 가겠습니다.

❶ 가: 어디에서 주무시겠습니까?
나: ....

❷ 가: 무엇을 드시겠습니까?
나: ....

❸ 가: 누구하고 가겠습니까?
나: ....

과제 1 말하기

01 여러분 나라의 음식 차림표(메뉴)를 쓰십시오.

[보기]

냉면	6,000원
불고기(일인분)	13,000원
갈비탕	8,000원
비빔밥	5,000원

02 친구의 메뉴를 보고, 이야기를 만드십시오.

가: ________ 맛이 어떻습니까?

나: ________

가: 그럼 ________ 은/는 어떻습니까?

나: ________

가: 저는 ________ 을/를 먹고 싶습니다.

나: 그럼 저는 ________

과제 2 쓰고 말하기

01 여러분은 무슨 음식을 좋아합니까? 소개하는 글을 쓰십시오.

[보기] 불고기
한국 음식 중에서 불고기를 아주 좋아합니다.
불고기는 맵지 않고 맛있습니다.
불고기는 보통 상추하고 같이 먹습니다.
불고기는 한국 사람도 좋아하고 외국 사람들도 좋아합니다.

02 여러분 나라의 음식을 발표하십시오.

중에서 の中で　보통 普通　상추 サンチュ　외국 外国

会話

りえ	この食堂はどんな料理がおいしいですか。
マリア	ビビンパプがおいしいです。
りえ	ブルコギはどうですか。
マリア	ブルコギもおいしいです。
りえ	私はブルコギが食べたいです。
マリア	それじゃ、私はビビンパプを食べます。

문법 설명

01 −고 싶다

動詞の語幹に付く表現である。ある動作をすることを希望する時に使う。主語が三人称の時は 「-고 싶어하다」を使う。

- 고향에 가고 싶습니다. 故郷に帰りたいです。
- 친구들을 만나고 싶었습니다. 友達に会いたかったです。
- 무슨 음식을 잡수시고 싶습니까? どんな料理を召し上がりたいですか。
- 무슨 선물을 받고 싶습니까? どんなプレゼントがほしいすか。
- 커피를 마시고 싶습니다. コーヒーが飲みたいです。

02 −겠−[1]

動詞の語幹に付いて話す人の意志を表す。疑問文に使われるときは相手の意志を尋ねる場合が多い。

- 저는 파티에 안 가겠습니다. 私はパーティーに行きません。
- 내년에 한국에 다시 오겠습니다. 来年、韓国にまた来ます。
- 저는 비빔밥을 먹겠습니다. 私はビビンパプを食べます。
- 뭘 잡수시겠습니까? 何を召し上がりますか。
- 누가 먼저 하시겠습니까? 誰が先になさいますか。

04 여기 물 좀 주십시오

학습 목표 ● 과제 음식 주문하기 ● 문법 -으십시오, -을까요?[2] ● 어휘 음식 관련 단위 명사, 수 2(일-십)

여기는 무슨 식당입니까?
리에와 마리아는 무엇을 시켰습니까?

CD1: 42~43

마리아 여기요.

종업원 네, 뭘 드릴까요?

리에 저는 불고기를 주십시오.

마리아 저는 비빔밥을 먹겠습니다.

종업원 불고기 일 인분하고 비빔밥 하나요.

리에 그리고 여기 물 좀 주십시오.

종업원 従業員

요 短い丁寧語

뭘 何を

드리다 差し上げる

주다 あげる, くれる

물 水

어휘

수 2 (일–십)

일	이	삼	사	오	육	칠	팔	구	십
1	2	3	4	5	6	7	8	9	10

음식 관련 단위 명사

개	잔	병	그릇	인분

한 개	한 잔	한 병	한 그릇	일 인분
두 개	두 잔	두 병	두 그릇	이 인분
세 개	세 잔	세 병	세 그릇	삼 인분
네 개	네 잔	네 병	네 그릇	사 인분
다섯 개	다섯 잔	다섯 병	다섯 그릇	오 인분
여섯 개	여섯 잔	여섯 병	여섯 그릇	육 인분
일곱 개	일곱 잔	일곱 병	일곱 그릇	칠 인분
여덟 개	여덟 잔	여덟 병	여덟 그릇	팔 인분
아홉 개	아홉 잔	아홉 병	아홉 그릇	구 인분
열 개	열 잔	열 병	열 그릇	십 인분

● 그림을 보고 쓰십시오.

물 [보기] 다섯 잔 / 소주 .... / 비빔밥 .... / 사과 ....

문법 연습

-으십시오

01

1) 쓰십시오.

[보기] 인사하다 ➔ 인사하십시오.

❶ 보다 ➔ ……………………

❷ 읽다 ➔ ……………………

❸ 찾다 ➔ ……………………

❹ 만들다 ➔ ……………………

2) 대답을 쓰십시오.

[보기] 가: 배가 고픕니다.
나: 식당에 가십시오.

❶ 가: 다리가 아픕니다.
나: …………………….

❷ 가: 단어를 모릅니다.
나: …………………….

❸ 가: 밥을 먹고 싶습니다.
나: …………………….

❹ 가: 책을 사고 싶습니다.
나: …………………….

-을까요?[2]

02

1) 질문을 쓰십시오.

[보기] 가: 무엇을 할까요?
나: 숙제를 하십시오.

❶ 가: ______________________?
나: 김치찌개를 만드십시오.

❷ 가: ______________________?
나: 영화를 보십시오.

❸ 가: ______________________?
나: 네, 책을 읽으십시오.

2) 연결하십시오.

[보기]

[한식당에서] 뭘 드릴까요? •	• 오렌지 주스를 주십시오.
제가 이 과자를 먹을까요? •	• 케이크를 사십시오.
무슨 주스를 드릴까요? •	• 네, 드십시오.
리에 씨의 생일입니다. 뭘 살까요? •	• 영어사전을 사십시오.
영어사전을 살까요? 일어사전을 살까요? •	• 삼계탕을 주십시오.

과제 1 말하기

01 묻고 대답하십시오.

한식집	이탈리아 식당	중국집

한식집		이탈리아 식당		중국집	
냉면	6,000원	콤비네이션피자	18,000원	자장면	3,000원
불고기(일인분)	13,000원	스파게티	7,000원	짬뽕	3,000원
갈비탕	8,000원	라자냐	8,000원	볶음밥	4,500원
비빔밥	5,000원	스테이크	25,000원	탕수육	9,000원

[보기] 가: 무슨 식당에 가겠습니까?
나: 한식집에 가겠습니다.
가: 무슨 음식을 먹겠습니까?
나: 갈비탕을 먹겠습니다.

콤비네이션 コンビネーション　피자 ピザ　스파게티 スパゲッティ
라자냐 ラザニア　짬뽕 チャンポン　볶음밥 チャーハン　탕수육 酢豚

02 한 사람은 손님이고 다른 사람은 종업원입니다. 위 식당 중 한 곳을 골라서 음식을 주문하십시오.

손님: 여기요

종업원: 네, 뭘 드시겠습니까?

손님: .... 하고 .... 주십시오.

종업원: 네, ... 요. 알겠습니다.

과제 2 듣기 [CD1: 44]

듣고 표를 완성하십시오.

대화	식당	음식	얼마나
1			두 그릇
2		피자, 스파게티	
3	술집		

손님 お客さん **알겠습니다** わかりました、かしこまりました
물냉면 冷麺 **술집** 飲み屋 **시키다** 注文する **마시다** 飲む

会話

マリア　すみません。

従業員　はい、何になさいますか。

りえ　私はブルコギをください。

マリア　私はビビンパプを食べます。

従業員　はい、ブルコギ一人前とビビンパプ一つですね。

りえ　それから水をください。

문법 설명

01 –으십시오/십시오

動詞の語幹に付く終結語尾である。聞き手にあることを指示する場合に使う。動詞の語幹が母音で終わる時は「–십시오」を、子音で終わる時は「–으십시오」を使う。

- 내일 7시에 오십시오.　明日７時に来てください。
- 조용히 하십시오.　静かにしてください。
- 여기 앉으십시오.　ここに座ってください。
- 교과서를 읽으십시오.　教科書を読んでください。
- 담배를 피우지 마십시오.　たばこを吸わないでください。

02 –을까요?[2]/ㄹ까요?

動詞の語幹に付く終結語尾である。話し手が何か動作を起こす前に、相手に意向を聞くときに使う。動詞の語幹が母音で終わる時は「–ㄹ까요」を、子音で終わる時は「–을까요」を使う。

- 책을 어디에 놓을까요?　本をどこに置きましょうか。
- 제가 점심을 준비할까요?　私が昼御飯を準備しましょうか。

• 언제 다시 전화할까요?	いつまた電話しましょうか。
• 이것 좀 써도 될까요?	これ、使ってもいいでしょうか。
• 녹차를 드릴까요? 홍차를 드릴까요?	お茶ちょっとか。それとも紅茶がいいです。

05 정리해 봅시다

● 읽어 봅시다 CD1: 45

1. 같이 갈까요?
2. 맵지 않습니까?
3. 맛이 어떻습니까?
4. 먹겠습니다

● 확인해 봅시다

I

01 다음 식당의 메뉴판을 만드십시오.

한식집	중국집	이탈리아 식당

냉면	볶음밥	삼계탕	불고기	스파게티	짬뽕	된장찌개
김치찌개	라자냐	탕수육	자장면	김치	피자	비빔밥

02 빈칸에 적당한 음식을 다 쓰십시오. 누가 많이 썼습니까?

( )이/가 맵습니다.

( )이/가 씁니다.

( )이/가 십니다.

( )이/가 짭니다.

( )이/가 답니다.

( )이/가 싱겁습니다.

정리

II

01 대화를 만드십시오.

웨이: 제임스 씨, 식당에 같이 갈까요?

제임스: 네, ______________.

[식당에서]

웨이: ______________?

제임스: 저는 갈비탕을 좋아합니다.

웨이: 냉면은 맛이 어떻습니까?

제임스: ______________.

웨이: 그럼 저는 냉면을 ______________.

제임스: 저는 ______________.

웨이: 여기요.

종업원: 네, ______________?

웨이: ______________.

종업원: 네, ______________요.

시골밥상	
냉면	4,000원
불고기(일인분)	12,000원
갈비탕	6,000원
비빔밥	5,000원

III

01 어떻게 말합니까? 쓰십시오.

제임스가 본 한국

韓国の食文化

韓国の食卓にはご飯と汁物，そしていろいろなおかずがあります。このうちご飯と汁物を除いた全ての料理をみんなで一緒に食べます。おかずはもちろんのこと、鍋のように汁がある料理も一緒に食べます。楽しく会話を交わしながら、しかしせわしくご飯を食べます。韓国人はどんなことでも早めに済ませようとするからです。韓国人がご飯を急いで食べるのは、早く食べないとおかずがなくなってしまうからだと冗談を言う友達もいます。このようにいろいろな人と一緒に食事しているのを見ると、韓国人は何でもみんなと一緒にすることが好きなんだなという気がします。

また韓国では箸とスプーンを使います。日本や中国で主に箸を使うのに比べ、韓国ではご飯と汁はスプーンで、他の料理は箸で食べます。日本のように茶碗や汁の椀を手に持って食べることはなく、食卓の上に置いたままスプーンですくって食べます。韓国の箸は鉄の箸で、日本や中国の木の箸より少し重くて小さく先が比較的細くなっています。韓国の友達が箸で丸くて小さい豆や、つまみにくい魚などをつまむのを見ると本当に驚きます。この頃は、私もラーメンを食べるときは勇気を出して箸を使いますが簡単ではありません。使いこなせるまで かなり時間がかかりそうです。

다음 한국 음식은 무엇으로 먹습니까?

잡채

비빔밥

김밥

죽

불고기

미역국

- 젓가락 ....
- 숟가락 ....

料理のもてなし

韓国人は食事をするのがとても早いです。それで会話は食事中というより、食事をしてからとか、お茶を飲みながらすることが多いです。昔は食事中は話をしないというのが礼儀だったという話をミソンさんから聞いたことがあります。しかし食事中に何も話さないでただ食べるだけというのは、西洋人の私にとっては今だに不思議な感じがします。またもう一つおもしろいのは、韓国人は人に料理をたくさん勧めるということです。時々食事に招待されて行ってみると、いつも食卓にあふれるほど料理がいっぱいに準備されていて「たくさん召し上がってください」と何度も勧められます。そしておかずやご飯がなくなるとすぐにまた持って来てくれるので、いつも休む間もなく食べるようになります。それで最近私は晩御飯に招待されると、昼御飯を早目に食べたり、簡単な物ですませたりして晩御飯に備えます。食堂でも料理をもてなす気持ちは同じです。「お代わりください」と頼めば、いくらでも持って来てくれるし、もしおかずをみんな食べてしまったら、何も言わなくてもお代わりを持って来てくれます。

여러분 나라에서는 음식을 많이 준비합니까?

여러분 나라에서도 반찬이 무료입니까? 돈을 냅니까?

제5과 하루 생활

01
- 제목 | 지금 몇 시예요?
- 과제 | 시간 말하기
- 어휘 | 수 3, 시간
- 문법 | 까지, -어요

02
- 제목 | 오늘이 몇 월 며칠이에요?
- 과제 | 날짜와 요일 말하기
- 어휘 | 날짜, 요일
- 문법 | -지요?, -으세요

03
- 제목 | 일곱 시 반에 일어나요
- 과제 | 하루 생활 말하기
- 어휘 | 동사 3
- 문법 | 에[2], 부터 ~까지, -고[2]

04
- 제목 | 친구하고 무엇을 했어요?
- 과제 | 과거 시제(행동) 말하기
- 어휘 | 시간 관련 어휘
- 문법 | -었-, ㅂ동사

05 정리해봅시다

- 제임스가 본 한국
  '일이삼'과 '하나둘셋'
  손가락으로 숫자 세기

01 지금 몇 시예요?

학습 목표 ● 과제 시간 말하기 ● 문법 까지, -어요 ● 어휘 수 3, 시간

리에가 무엇을 묻습니까?
리에가 어떻게 질문합니까?

CD1: 46~47

리에 지금 몇 시예요?
웨이 한 시 십 분이에요.
리에 어디에 가요?
웨이 회사에 가요.
리에 몇 시까지 가요?
웨이 두 시까지 가요.

지금 今
시 時
분 分

어휘

수 3

10	십	90	구십
20	이십	100	백
30	삼십	1,000	천
40	사십	10,000	만
50	오십	88	팔십 팔
60	육십	670	육백 칠십
70	칠십	2,905	이천 구백 오
80	팔십	12,345	만 이천 삼백 사십 오

● 읽고 쓰십시오.

[보기]

1,400원
천 사백 원

❶

650원

❷

80,000원

❸

5,500원

❹

39,000원

❺

14,000원

어휘

01 시간

다섯 시

세 시 십오 분

일곱 시 반

다섯 시 사십 분

오전 두 시 오십 분

오후 다섯 시 십칠 분

오후 열한 시 십일 분

● 읽고 쓰십시오.

❶ 

[보기] 아홉 시

❷ 

❸ 

❹ 

❺ 

❻ 

❼ 

❽ 

문법 연습

까지

01 리에 씨의 하루입니다. 쓰십시오.

[보기]

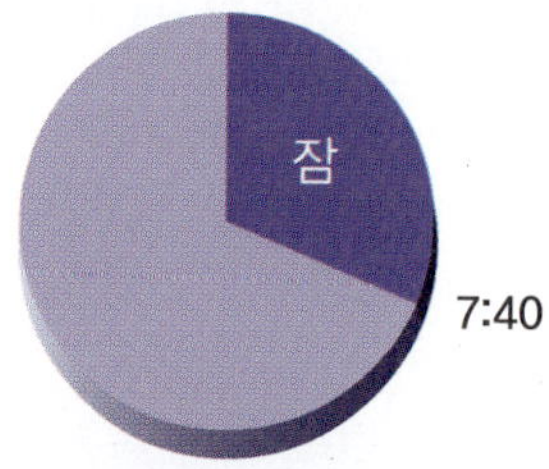

7시 40분까지 잡니다.

❶

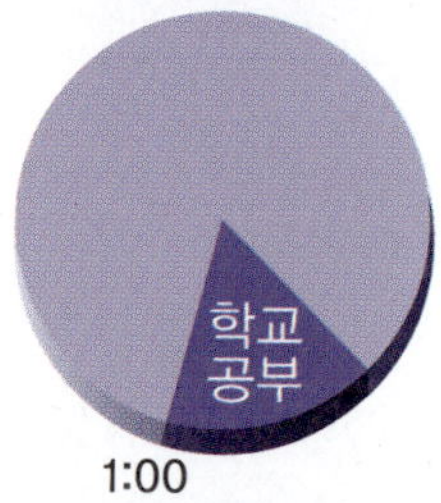

오후 1시 .... 공부를 합니다.

❷

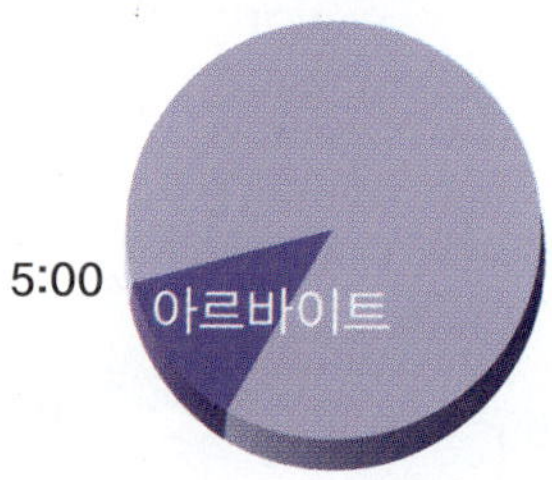

5시 ....

❸

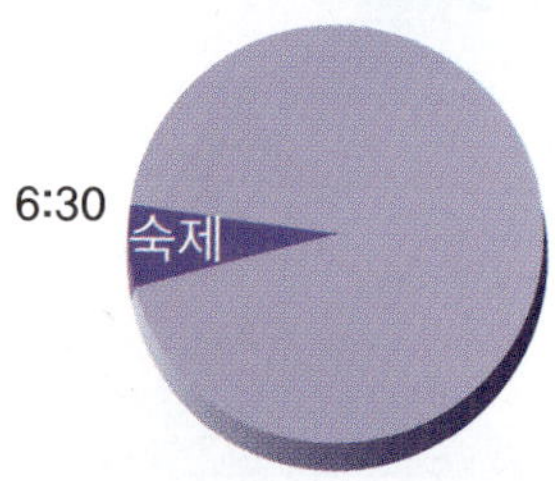

....

❹

....

❺

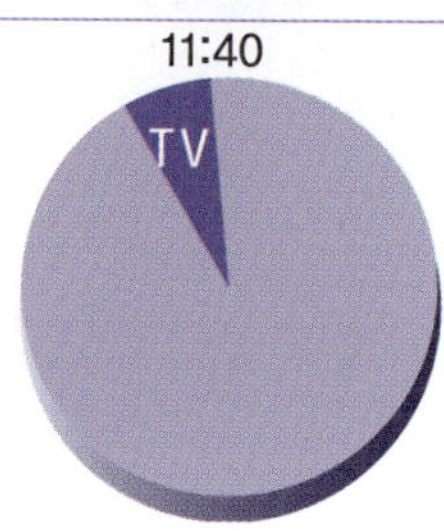

....

문법 연습

-어요

02 1) 표를 완성하십시오.

오다	[보기] 와요
가다	
만나다	
먹다	
읽다	
인사하다	

2) 그림을 보고 말하십시오.

[보기] 제임스 씨는 전화해요.

과제 1 말하기

01 묻고 대답하십시오.

9:20	4:35	8:45	11:50

[보기] 가: 지금 몇 시예요? 가: 뭘 해요?
나: 오전 아홉 시 이십 분이에요. 나: 공부해요.

과제 2 듣고 쓰기 [CD1: 48]

01 듣고 쓰십시오.

마리아: 선생님, ________ 있으세요?
선생님: 마리아씨, 지금 몇 시예요?
마리아: ________ 이에요/예요.
선생님: 그럼 ________ 분쯤 시간이 있어요. ________ 시에 회의가 있어요.
마리아: 그럼 잠깐 ________ 과/와 이야기하고 싶어요.
선생님: 들어오세요.
마리아: 네, 고맙습니다.

02 쓰십시오.

마리아 씨는 선생님하고 이야기하고 싶어해요.
선생님은 ________ 에 회의가 있어요. 지금은 ________.
마리아 씨하고 선생님은 ________ 까지 이야기할 거예요.

쯤 くらい 회의 会議 잠깐 少し 과/와 と 이야기하다 話をする
고맙다 ありがたい 싫어하다 たがる 이야기할 거예요 話すと思います

会話

りえ　今何時ですか。
ウェイ　１時10分です。
りえ　どこへ行きますか。
ウェイ　会社へ行きます。
りえ　何時までに行きますか。
ウェイ　２時までに行きます。

문법 설명

01 까지

名詞に付き、終わる時点や地点を表す助詞である。

- 종로까지 걸어갑니다.　鐘路まで歩いて行きます。
- 서울에서 부산까지 기차로 5시간 걸립니다.　ソウルからプサンまで汽車で５時間かかります。
- 12시에서 1시까지 점심시간입니다.　12時から１時まで昼休みです。
- 몇 시까지 갑니까?　何時までに行きますか。
- 여기까지 하십시오.　ここまでしてください

02 -어요/아요/여요

動詞，形容詞の語幹に付く終結語尾である。尊敬語の中で格式的でないほうなので、親しい友達の間で日常的に使われる。抑揚によって叙述形、疑問形、命令形、勧誘形に分けられる。

	格式体	非格式体
叙述形	−습니다/ㅂ니다	−어요/아요/여요
疑問形	−습니까/ㅂ니까?	−어요/아요/여요?
命令形	−으십시오/십시오	−으세요/세요
勧誘形	−읍시다/ㅂ시다	−어요/아요/여요

動詞, 形容詞の語幹が「아, 오, 야」で終わる時は「−아요」を, それ以外の母音で終わる時は「−어요」を使う。「−여요」は「하다」に使うが, 普通, 縮めて「해요」を使う。

語幹の母音と語尾の最初の母音が合わさって, 省略されたり縮約されたりする。

	語幹末母音		語尾初母音		変化	例
省略	아	+	아	→	아	가아요 → 가요
	어	+	어	→	어	서어요 → 서요
	으	+	어	→	어	쓰어요 → 써요
宿縮	오	+	아	→	와	오아요 → 와요
	우	+	어	→	워	배우어요 → 배워요
	이	+	어	→	여	기다리어요 → 기다려요
	하	+	여	→	해	일하여요 → 일해요

02 오늘이 몇 월 며칠이에요?

학습 목표 ● 과제 날짜와 요일 말하기 ● 문법 -지요?, -으세요 ● 어휘 날짜, 요일

리에가 무엇을 묻습니까?
리에가 어떻게 질문합니까?

CD1: 49~50

리에 오늘이 몇 월 며칠이에요?

웨이 시월 팔 일이에요.

리에 목요일이지요?

웨이 아니요, 금요일이에요.

리에 아, 그래요? 그럼 내일 뭐 하세요?

웨이 글쎄요, 집에서 쉬고 싶어요.

월	月
며칠	何日
일	日
목요일	木曜日
금요일	金曜日
내일	明日
뭐	何
글쎄요	そうですね
쉬다	休む

어휘

날짜, 요일

1월	2월	3월	4월	5월	**6월**
일월	이월	삼월	사월	오월	**유월**
7월	8월	9월	**10월**	11월	12월
칠월	팔월	구월	**시월**	십일월	십이월

1일	2일	3일	4일	5일	6일
일 일	이 일	삼 일	사 일	오 일	육 일
7일	8일	9일	10일	11일	12일 …
칠 일	팔 일	구 일	십 일	십일 일	십이 일 …

● 묻고 대답하십시오.

[보기] 가: 크리스마스가 몇 월 며칠입니까?
나: 크리스마스는 십이월 이십오 일입니다. 수요일입니다.

12월

일	월	화	수	목	금	토
1	2	3	4	5	6 생일	7
8	9	10	11	12	13	14
15	16	17 오늘	18	19	20	21
22	23	24	25	26	27	28
29	30	31				

❶ 오늘
❷ 내일
❸ 생일

문법 연습

-지요?

01 그림을 보고 쓰십시오.

[보기]

가: 친구가 많지요?

나: 네, 많습니다.

❶

가: 크리스마스가 ______________ ?

나: 네, 12월 25일입니다.

❷

가: 제임스 씨는 ______________ ?

나: 네, 신촌 하숙집에 삽니다.

❸

가: ______________ ?

나: 네, 음악을 좋아해요.

❹

가: 겨울에 ______________ ?

나: ______________

❺

가: ______________ ?

나: ______________

-으세요

02 1) 쓰십시오.

[보기] 선생님이 한국말을 가르칩니다.
➔ 선생님께서 한국말을 가르치세요.

❶ 어머니가 불고기를 만듭니다.
➔ ....

❷ 어디에 갑니까?
➔ ....

❸ 내일 무엇을 합니까?
➔ ....

❹ 어서 오십시오.
➔ ....

❺ 안녕히 주무십시오.
➔ ....

2) 대화를 완성하십시오.

[보기] 가: 누가 집에 계세요?
나: 어머니께서 계세요.

❶ 가: 아버지께서 무엇을 하세요?
나: ....

❷ 가: 선생님은 학교에 언제 오세요?
나: ....

❸ 가: 배가 고파요.
나: ....

❹ 가: 다리가 아파요.
나: ....

과제 1 말하기

01 생일을 묻고 대답하십시오.

[보기] 가: 생일이 언제예요?
나: 4월 5일이에요.
가: 이번 생일에 뭐 하세요?
나: 친구하고 여행을 가요.

02 여러분의 생일에 대해 발표하십시오.

[보기] 제 생일은 4월 5일이에요. 저는 이번 생일에 친구하고 여행을 가겠어요. 제주도에 가겠어요. 거기에서 생선을 많이 먹고 싶어요.

이번 今度 여행 旅行 거기 そこ 제주도 済州島

과제 2 말하고 쓰기

01 묻고 대답하십시오.

12월						
일	월	화	수	목	금	토
	1	2	3 제임스 씨 생일	4	5 시험	6
7	8 시험	9	10	11	12 방학	13
14	15	16 졸업식	17	18	19	20
21	22	23	24	25 크리스마스	26	27
28	29	30 파티	31			

[보기] 가: 방학이 언제예요?
나: 12월 12일이에요.
가: 금요일이지요?
나: 네, 금요일이에요.
가: 그날 무엇을 하고 싶어요?
나: 친구를 만나고 싶어요.

02 위 달력을 보고 계획을 쓰십시오.

[보기] **방학:** 12월 12일에 방학을 합니다. 그날은 금요일입니다. 그날부터 학교에 가지 않습니다. 그때 저는 친구들을 만나고 싶습니다.

1) 방학 ....

2) 시험 ....

3) 졸업식 ....

4) 크리스마스 ....

5) 파티 ....

방학 (夏・冬)休み　언제 いつ　날 日　시험 試験
졸업식 卒業式　파티 パーティー　부터 から　때 時

会話

りえ　今日は何月何日ですか。

ウェイ　10月8日です。

りえ　木曜日でしょう。

ウェイ　いいえ、金曜日です。

りえ　あ、そうですか。それじゃ、明日は何をしますか。

ウェイ　そうですね。家で休みたいです。

문법 설명

01 −지요?

動詞, 形容詞の語幹に付く終結語尾である。話し手が聞き手の同意あるいは確認を求めるときに使う。

- 날씨가 덥지요?　暑いでしょう。
- 선생님이 좋지요?　先生がいいでしょう。
- 날마다 운동하시지요?　毎日運動なさるんでしょう。
- 내일 학교에 가지요?　明日学校に行くでしょう。
- 오늘이 목요일이지요?　今日は木曜日でしょう。

02 −으세요/세요

尊敬語尾「−으시−」が「−어요/아요/여요」に付いた尊敬表現である。抑揚によって叙述形、疑問形、命令形、勧誘形に分けられる。動詞の語幹が母音で終わる時は「−세요」を、子音で終わる時は「−으세요」を使う。

- 이번에는 홍 선생님이 가세요.　　今度はホン先生がいらっしゃいます。
- 어떤 음식이 좋으세요?　　どんな食べ物がお好きですか。
- 요즘 많이 바쁘세요?　　最近お忙しいですか。
- 선생님, 여기 앉으세요.　　先生はここにお座りください。
- 저와 같이 가세요.　　私と一緒に行きましょう。

03 일곱 시 반에 일어나요

학습 목표 ● 과제 하루 생활 말하기 ● 문법 에[2], 부터 ~까지, -고[2] ● 어휘 동사 3

아침입니까? 저녁입니까?
지금 몇 시입니까?

CD1: 51~52

정희 아침에 몇 시에 일어나세요?

웨이 7시 반에 일어나요.

정희 아침을 먹고 학교에 가세요?

웨이 아니요, 아침은 안 먹어요.

정희 수업은 날마다 있어요?

웨이 네, 월요일부터 금요일까지 있어요.

일어나다 起きる

수업 授業

어휘

동사 3

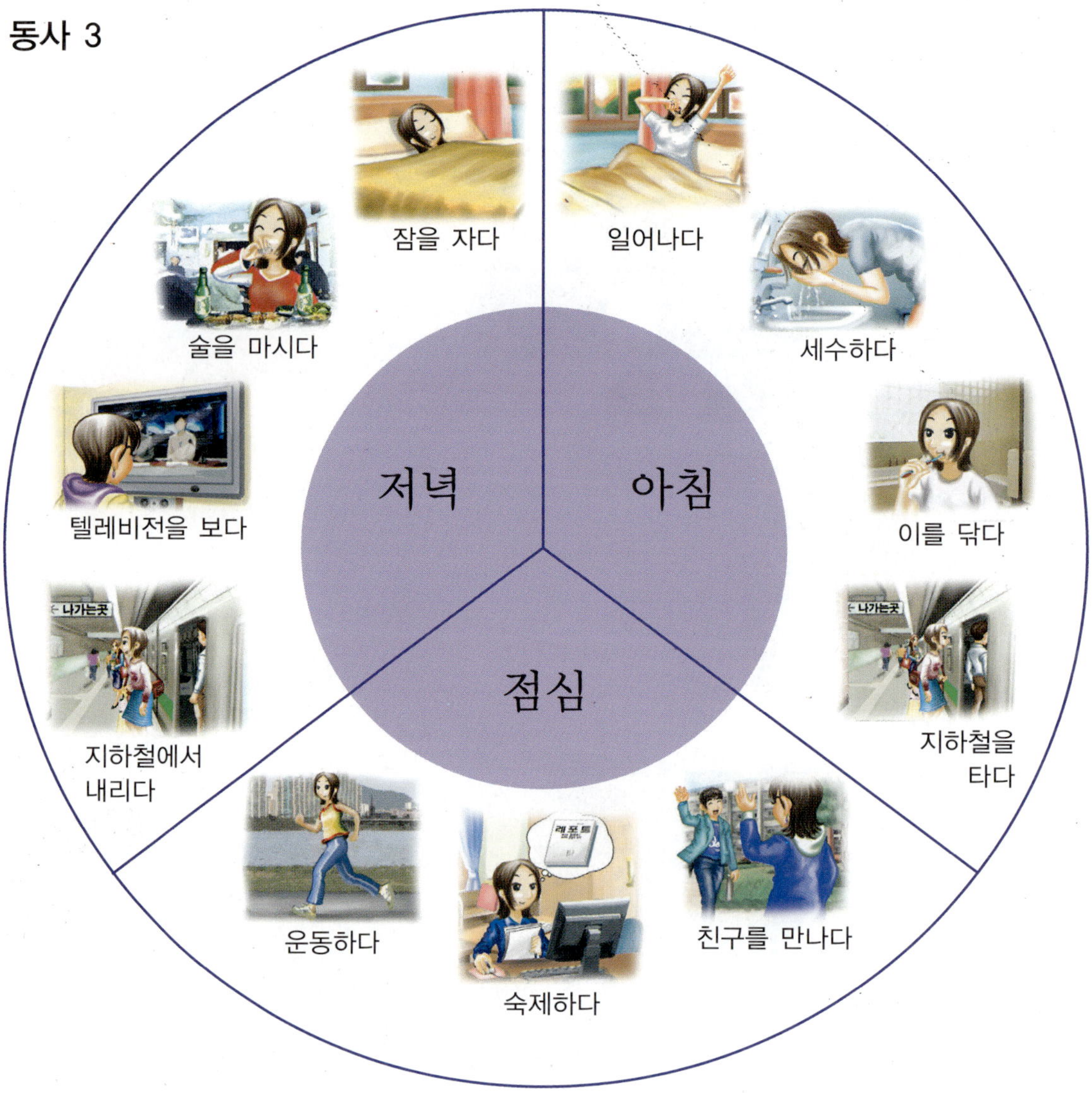

● 쓰십시오.

이를 닦다　일어나다　세수하다　친구를 만나다　운동하다　숙제하다
지하철에서 내리다　지하철을 타다　텔레비전을 보다　술을 마시다

아침	점심	저녁
[보기] 일어납니다.		

문법 연습

에[2]

01 그림을 보고 쓰십시오.

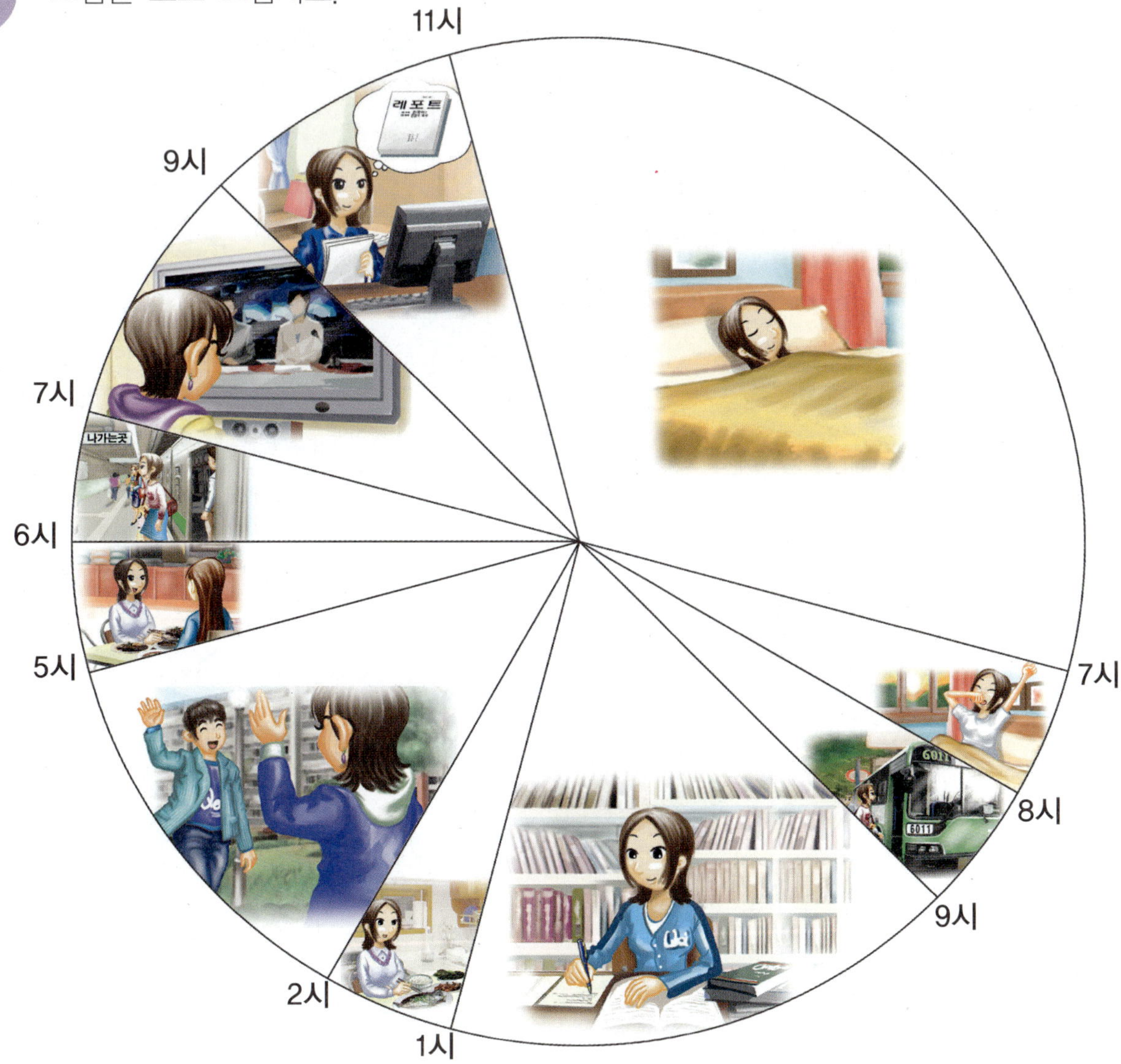

[보기] 7시에 일어납니다.

❶ ....

❷ ....

❸ ....

❹ ....

부터 ~까지

02 위 그림을 보고 말하십시오.

[보기] 9시부터 1시까지 한국어를 공부합니다.

❶ ....
❷ ....
❸ ....
❹ ....

-고²

03 1) 한 문장으로 만드십시오.

[보기] 숙제를 합니다. 텔레비전을 봅니다.
➔ 숙제를 하고 텔레비전을 봅니다.

❶ 식사를 합니다. 커피를 마십니다.
➔ ....

❷ 세수를 합니다. 잡니다.
➔ ....

❸ 저녁을 먹습니다. 숙제를 합니다.
➔ ....

2) 위 그림을 보고 말하십시오.

[보기] 학교에서 한국어를 공부하고 점심을 먹습니다.

❶ 점심을 먹고 ....
❷ ....
❸ ....
❹ ....

과제 1 듣고 말하기 [CD1: 53]

01 듣고 시간을 쓰십시오.

시 분

시 분

시 분

시 분

시 분

시 분

시 분

02 위 그림을 보고 친구에게 하루 일과를 질문하십시오.

[보기] 가: 제임스 씨는 몇 시에 일어나세요?
나: 6시 30분에 일어나요.

과제 2 쓰고 말하기

01 여러분은 날마다 무엇을 합니까? 하루 일과를 쓰십시오.

02 발표하십시오.

会話

ジョンヒ	朝何時に起きますか。
ウェイ	７時半に起きます。
ジョンヒ	朝御飯を食べてから学校に行きますか。
ウェイ	いいえ、朝御飯は食べません。
ジョンヒ	授業は毎日ありますか。
ウェイ	はい、月曜日から金曜日まであります。

문법 설명

01 에[2]

動作や状況が起きる時を表す助詞で、時間を表す名詞に付く。しかし「언제, 오늘, 내일, 모레, 그저께」のような名詞には使わない。

- 9시에 학교에 갑니다. 9時に学校へ行きます。
- 12시에 점심을 먹었습니다. 12時に昼御飯を食べました。
- 내년에 대학교를 졸업합니다. 来年、大学を卒業します。
- 겨울에는 날씨가 춥습니다. 冬は寒いです。
- 언제 한국에 오셨습니까? いつ韓国にいらっしゃいましたか。

02 부터 ~ 까지

場所や時間などの名詞に付いてその始まりと終りを示す。

- 아홉 시부터 한 시까지 공부합니다. 9時から1時まで勉強します。
- 월요일부터 금요일까지는 바쁩니다. 月曜日から金曜日までは忙しいです。

- 1층부터 5층까지는 기숙사입니다. 1階から5階までは寮です。
- 1과부터 10과까지 시험을 보겠습니다. 1課から10課まで試験をします。
- 여기부터 저기까지 뛰어갑시다. ここからあそこまで走りましょう。

03 －고[2]

動詞の語幹に付く連結語尾である。動作の順序を示すときに使う。過去の表現「－었(았, 였)－」と一緒には使わない。時制は後の文節によって決まる。

- 숙제를 하고 잡니다. 宿題をして寝ます。
- 밥을 먹고 이를 닦았습니다. ごはんを食べて歯を磨きました。
- 졸업하고 고향에 돌아갈 거예요. 卒業して故郷に帰るつもりです。
- 손을 씻고 오세요. 手を洗って来てください。
- 영화를 보고 울었습니다. 映画を見て泣きました。

04 친구하고 무엇을 했어요?

학습 목표 ● 과제 과거 시제(행동) 말하기 ● 문법 -었-, ㅂ동사 ● 어휘 시간 관련 어휘

정희와 웨이가 무슨 이야기를 합니까?
어제 웨이는 무엇을 했습니까?

CD1: 54 ~ 55

정희 어제 집에서 쉬었어요?

웨이 아니요, 친구를 만났어요.

정희 친구하고 무엇을 했어요?

웨이 영화를 봤어요.

정희 영화가 어땠어요?

웨이 아주 아름다웠어요.

어제 昨日

아름답다 美しい、きれいだ

어휘

시간

2008년			9월				
일	월	화	수	목	금	토	
	1	2	3	4	5	6	← 지난 주
7	8	9	10 오늘	11	12	13	← 이번 주
14	15	16	17	18	19	20	← 다음 주
21	22	23	24	25	26	27	
28	29	30	31				

그제/그저께	어제/어저께	오늘	내일	모레
9월 8일	9월 9일	9월 10일	9월 11일	9월 12일

지난 (주) 토요일	이번 (주) 토요일	다음(주) 토요일
9월 6일	9월 13일	9월 20일

지난 달	이번 달	다음 달
8월	9월	10월

작년	올해	내년
2007년	2008년	2009년

어휘

그림을 보고 쓰십시오.

12월						
일	월	화	수	목	금	토
7 	8 	9 	10 	11 오늘	12 	13 

[보기] 어제 한국어를 공부했어요.

❶ ________ 친구를 만났어요.

❷ ________ 운동을 하겠어요.

❸ ________ 갈비를 먹겠어요.

❹ ________ 일요일에 백화점에서 옷을 샀어요.

문법 연습

-었-

01 1) 표를 완성하십시오.

인사하다	[보기] 인사했어요.
놀다	
읽다	
만나다	
기다리다	
쓰다	

2) 맞는 것을 골라 알맞은 말을 쓰십시오.

만나다　내리다　먹다　사다　오다　타다　가다　마시다

지난 주 토요일에 저는 미선 씨를 ([보기] 만났어요).

미선 씨하고 동대문 시장에 (　　　　　).

신촌에서 버스를 (　　　　　).

동대문 운동장에서 (　　　　　).

미선 씨는 가방을 (　　　　　).

저는 구두를 (　　　　　).

1시에 점심을 (　　　　　).

우리는 비빔밥하고 냉면을 (　　　　　).

그리고 커피숍에 (　　　　　).

우리는 커피를 (　　　　　).

5시에 집에 (　　　　　).

문법 연습

ㅂ 동사

01 1) 표를 완성하십시오.

	-습니다/ㅂ니다	-어요/아요/여요	-었어요/았어요/였어요
아름답다	아름답습니다		
맵다			
쉽다		쉬워요	
어렵다			
춥다			추웠어요
덥다			
돕다			

2) 위의 단어를 써어 다음 문장을 완성하십시오.

❶ 제주도 바다가 .... 어요/아요/여요.

❷ 김치찌개가 좀 .... 었어요/았어요/였어요.

❸ 겨울에는 날씨가 .... 어요/아요/여요.

과제 1 듣고 말하기 [CD1: 56]

● 듣고 대답하십시오.

01 이 시간에 제임스 씨는 무엇을 했습니까?

❶

....

❷

....

02 제임스 씨의 어제 일과로 맞는 것을 고르십시오.

❶	❷	❸	❹
1:00 학교 앞 친구	1:30 점심	1:30 백화점 앞 친구	1:00 학교 앞 친구
2:30 남대문시장 쇼핑	2:30 백화점 쇼핑	2:00 점심	1:30 점심
8:00 집	5:00 극장	4:00 극장	9:00 집
12:00 잠	9:00 집	8:00 집	12:00 잠

03 여러분이 어제 한 일을 쓰고 친구와 묻고 대답하십시오.

시간	무엇을 했습니까?

과제 2 말하고 쓰기

01 친구와 묻고 대답하십시오.

질문	[보기] 제임스	친구 1	친구 2
지난 주말에 무엇을 했어요?	운동		
어디에 갔어요?	공원		
누구를 만났어요?	리에 씨		
어땠어요?	기분이 좋았어요.		

02 친구의 지난 주말 이야기를 쓰고 발표하십시오.

[보기] 제임스 씨는 지난 주말에 운동을 했어요.
공원에 갔어요.
리에 씨를 만났어요.
기분이 좋았어요.

会話

ジョンヒ	昨日は家で休みましたか。
ウェイ	いいえ、友達に会いました。
ジョンヒ	友達と何をしましたか。
ウェイ	映画を見ました。
ジョンヒ	映画はどうでしたか。
ウェイ	とてもきれいでした。

문법 설명

01 –었/았/였–

動詞, 形容詞の語幹に付いて、過去に起きた動作や状態を表す過去時制の接尾辞である。

動詞、形容詞の語幹が母音「아, 오」で終わる時(「하다」は除く)は「–았–」を使い、それ以外の母音の場合は「–었–」を使う。「하다」は「–였–」を使って「하였습니다」と言ったり, 短く「했습니다」と言う。

- 여행이 좋았습니까? 旅行はよかったですか。
- 점심을 먹었습니다. 昼御飯を食べました。
- 어제 무엇을 했습니까? 昨日、何をしましたか。
- 작년까지 학생이었습니다. 去年まで学生でした。
- 그 사람은 키가 아주 컸습니다. その人は背がとても高かったです。

02 ㅂ 동사

語幹が「ㅂ」で終わる動詞、形容詞の中に規則通りに活用しないものがある。「덥다, 춥다」のような動詞、形容詞は母音で始まる語尾が来ると「ㅂ」が「우」に変わる。但し「돕다」と「곱다」は 母音「–으」が来ると「우」に変わるが, 「–어/아」が来ると「오」に変わる。しかし「입다, 잡다, 씹다」のような動詞

や「좁다, 넓다」のような形容詞は規則通りに活用する。

- 어제는 날씨가 아주 더웠습니다. 昨日はとても暑かったです。
- 비빔밥이 매워요. ビビンパプは辛いです。
- 한국말이 너무 어려워요. 韓国語はとても難しいです。
- 여기 누우세요. ここに横になってください。
- 좀 도와주세요. ちょっと手伝ってください。

05 정리해 봅시다

● 읽어 봅시다 CD1: 57

1. 몇 시입니까?
2. 몇 월 며칠입니까?
3. 시작합니까?
4. 재미있었어요

● 확인해 봅시다

I

올해	어제	팔월	다음 주	만	내년
시월	오늘	십	지난 주	내일	작년
구월	그저께	천	이번 주	모레	백

1) ________ – 구월 – ________
2) 작년 – ________ – ________
3) ________ – ________ – 다음 주
4) ________ – 백 – ________ – ________
5) ________ – ________ – 오늘 – ________ – ________

정리

II

그림을 보고 알맞게 고치십시오.

일	월	화	수	목	금	토
1	2 서점	3 청소	4 도서관 한국어	5 오늘	6 극장	7
8 백화점	9	10	11	12	13	14

운동 (2~5), 한국어 (2~7)

저는 미국에서 온 마이클입니다. 요즘 월요일부터 금요일까지 연세 어학당에서 한국어를 공부합니다. 저는 운동을 *좋아하겠습니다.*
[보기] 좋아합니다.
그래서 매주 월요일부터 수요일까지 *운동을 했습니다.* 월요일에는 서점에 *갑니다.* 한국어 사전을 샀습니다. 그저께는 청소를 *하겠습니다.* 기분이 좋았습니다. 어제는 도서관에서 책을 *읽습니다.* 내일은 극장에 *갔습니다.* 친구하고 한국 영화를 *봤습니다.* 다음 주에 그 친구 생일이 있습니다. 그래서 일요일에는 선물을 *삽니다.* 백화점에 *갔습니다.*

개수가 ~ 4개 ☹ 5개~7개 😐 8개 ☺

정리

02 친구에 대해 아는 것을 '-지요?'로 질문하십시오. 맞으면 O, 틀리면 X에 표시하십시오.

[보기] ______ 씨는 영국에서 왔지요?
______ 씨는 김치를 좋아하지요?
______ 씨는 가족이 5명이지요?

가족	질문	
[보기]	마이클 씨는 영국에서 왔지요?	O, X
1)		O, X
2)		O, X
3)		O, X
4)		O, X
5)		O, X
6)		O, X
7)		O, X
8)		O, X
9)		O, X
10)		O, X
합계		

10 – 8 두 사람은 아주 친한 친구군요!
7 – 4 좀 더 친해지세요!
1 – 3 친구에게 관심을…

III

당신은 유명한 사람입니다. 지난 토요일에 한 일을 쓰고 발표하십시오.

[보기] 이름: 잭슨　　　직업: 가수

11월 6일 토요일			
6시 – 8시	미용실		
9시 – 12시	KBC 방송국 인터뷰	7시반 – 10시	라이브 콘서트
12시 – 1시	점심	10시 – 12시	라디오 방송
1시 – 3시	음악 방송 리허설	12시 – 2시	춤 연습
4시 – 7시	드라마 찍기	2시 – 4시	뮤직비디오 회의

발표: 지난 토요일은 바빴습니다. 아침에 일찍 일어났습니다.
6시에 미용실에 갔습니다. 그리고…

이름:　　　　　　직업:

월　　일 토요일			

발표: ....

....

....

....

....

제임스가 본 한국

「일, 이, 삼」と「하나, 둘, 셋」

韓国語には漢字語と韓国の固有語がありますが，数字も同じです。もちろん私は漢字を知らないので、漢字を見ると文字ではなくただの絵に見えます。それで「서점」(書店)よりは「책방」(本屋)、「제과점」(製菓店)よりは「빵집」(パン屋)、「다방」(喫茶店)よりは「찻집」(茶店)、即ち韓国の固有語の方がやさしいです。でもこの数字だけは漢字語の方がやさしいと思います。「일，이，삼，사，오，육，칠，팔，구，십」のように字も一つずつで、10以上の数字も「이십，삼십」でとても規則的に結び付いているからです。ですから10まで覚えたあとは十、百、千、万、億のように覚えればいいわけです。でも「하나，둘，셋，넷，다섯，여섯，일곱，여덟，아홉，열」は文字の数も多くパッチムも複雑です。特に「여덟」は初めはつづりをちゃんと書くのも大変でした。また「열，스물，서른，마흔，쉰，예순，이른，여든，아흔，백」のように十以上の数も簡単ではありません。

私は初めに「일，이，삼…」を覚えたので「教科書5ページ」、「4階の教室」、「問題1番」という単語が聞き取れました。それでミソンさんがメモした「2時」を「이시」と読んでしまいました。ミソンさんはそれを見て笑いながら、番号や数の順序は「일，이，삼，사…」と言うけれども、時間や年齢、個数や回数と関係がある時は「하나，둘，셋，넷…」の方を使うんだと教えてくれました。それでも次のような文字を読んで見ろと言われると、つい間違えてしまいます。

아래 글을 한번 읽어 보십시오.

指で数字を数える

韓国人が指で数字を数えるのを見て、初めはとても珍しく思いました。私の国では指で数字を数える時は、先ず手を握って指を1本ずつ出します。ところが韓国人は、先ず手のひらを開いてから1本ずつ中に折ります。けれども指で順序を表すときは違います。1番目は人指し指を出します。2番目は中指、3番目は薬指、4番目は小指、そして5番目は親指で5本の指を全て出します。どうですか。おもしろいでしょう。皆さんも一度してみてください。

여러분 나라에서 손으로 숫자를 셀 때 어떻게 합니까?

듣기 지문

듣기 지문

1과 1항 과제 2

마리아　안녕하십니까?
민철　네, 안녕하십니까?
마리아　제 이름은 마리아입니다.
민철　저는 정민철입니다.
그리고 제 친구 이영수입니다.
영수　마리아씨, 안녕하십니까?
마리아　네, 영수 씨 반갑습니다.

1과 2항 과제 2

로라　안녕하십니까? 제 이름은 로라입니다.
캐나다 사람입니다.
리카　저는 리카입니다. 일본에서 왔습니다.
세르게이　저는 세르게이입니다.
일본에서 왔습니다.
유진　반갑습니다. 저는 김유진입니다.
한국 사람입니다.

1과 3항 과제 2

유진　안녕하십니까? 김유진입니다.
토마스　반갑습니다. 토마스입니다.
왕명　저는 왕명입니다.
그런데 유진 씨는 학생입니까?
유진　아니요, 저는 회사원입니다.
왕명 씨는 무엇을 하십니까?
왕명　저는 연세대학교 교수입니다.
토마스 씨는 무엇을 하십니까?
토마스　저는 은행원입니다.

1과 4항 과제 2

김 선생님　안녕하십니까? 제임스 씨.
제임스　네, 안녕하십니까? 김 선생님.
김 선생님　학교에 갑니까?
제임스　네, 학교에 갑니다.

2과 1항 과제 2

정희　웨이 씨, 이것이 웨이 씨 공책입니까?
웨이　네, 제 공책입니다.
정희　그럼 저건 리에 씨의 공책입니까?
웨이　아니요, 제임스 씨 공책입니다.
여기 이름이 있습니다.
정희　그럼 저것이 리에 공책입니까?
웨이　네, 그렇습니다.

3과 3항 과제 1

제 고향은 부산입니다.
부산은 크고 사람들이 많습니다.
부산에는 바다가 있습니다.
그래서 생선이 많습니다.
그리고 대학교하고 공원도 있습니다.
겨울에는 따뜻하고 여름에는 시원합니다.
부산 사람들은 친절하고 따뜻합니다.
저는 제 고향을 아주 사랑합니다.

4과 1항 과제 2

미선 웨이 씨, 어디에 갈까요?
웨이 학교 근처 한식집에 갑시다.
깨끗하고 조용합니다.
미선 저는 정문 앞 중국집을 좋아합니다.
제임스 씨는 어떻습니까?
제임스 저는 학생식당에서 먹습니다.
아주 가깝습니다.
미선 그래요? 정문 앞 중국집은 음식이
아주 많습니다.
웨이 그럼 우리 오늘 중국집에서 먹을까요?
제임스 미선 씨, 값이 어떻습니까?
미선 값이 쌉니다.
제임스 좋습니다. 중국집에 갑시다.

4과 2항 과제 2

마리아 불고기 맛이 어떻습니까?
웨이 좀 싱겁습니다.
마리아 그래요? 간장이 여기 있습니다.
웨이 어, 이 고추가 맵습니다.
마리아 씨, 그 김치도 맵습니까?
마리아 아니요, 맵지는 않습니다. 좀 십니다.
웨이 이 식혜는 맛이 어떻습니까?
마리아 그건 좀 답니다.

4과 4항 과제 2

1.

마리아 뭘 드시겠습니까?
영수 전 냉면을 먹고 싶습니다.
마리아 냉면은 맵지 않습니까?
영수 물냉면은 맵지 않습니다.
마리아 씨는 뭘 드시겠습니까?
마리아 그럼 저도 물냉면을 먹겠습니다.
영수 네, 여기요. 여기 물냉면 두 그릇이요.

2.

웨이 무슨 음식을 먹을까요?
미선 피자도 먹고 싶고, 스파케티도 먹고 싶어요.
웨이 저도 피자를 좋아합니다.
그럼 피자 하나하고 스파게티 하나 시킬까요?
미선 그럽시다. 여기요.
여기 피자 하나하고 스파게티 하나 주십시오.

3.

정희 뭘 드시겠습니까?
리에 저는 맥주를 마시고 싶습니다.
정희 그럼 저도 맥주를 마시겠습니다.
리에 그럼 여기 맥주 두 병 주십시오.

5과 1항 과제 2

마리아	선생님, 시간 있으세요?
선생님	마리아 씨, 지금 몇 시예요?
마리아	3시 반이에요.
선생님	그럼 30분쯤 시간이 있어요. 4시에 회의가 있어요.
마리아	그럼 잠깐 선생님과 이야기하고 싶어요.
선생님	들어오세요.
마리아	네, 고맙습니다.

5과 3항 과제 1

저는 날마다 6시 반에 일어납니다.
아침에 커피를 마시고 신문을 읽습니다. 그리고 7시에 세수를 합니다.
7시 반에 아침을 먹습니다. 8시에 버스를 탑니다.
9시에 학교에 갑니다.
수업은 9시부터 1시까지 있습니다.
1시에 친구들하고 같이 식당에서 점심을 먹습니다.
3시에 집에 갑니다.
조금 잡니다. 그리고 6시에 숙제를 합니다.
8시에 텔레비전을 봅니다. 10시에 잡니다.

5과 4항 과제 1

영수	미선 씨, 뭘 먹고 싶어요?
미선	글쎄요, 저는 과일하고 빵을 좋아해요. 영수 씨는 어때요?
영수	저도 좋아해요. 그럼, 과일하고 빵을 사러 갑시다. 어디에서 살까요?
미선	학교 근처 백화점에서 삽시다.
영수	백화점은 비싸지 않아요?
미선	그렇지만 물건이 많고 좋아요.
영수	우리 하숙집 근처 가게도 물건이 많고 좋아요.
미선	그 가게는 값이 싸요?
영수	네, 아줌마가 친절하고 값도 싸요.
미선	그래요? 그 가게에 갑시다.

색인

- 문법 색인
- 어휘 색인

문법 색인

어휘 색인

YONSEI KOREAN I

금요일	5과	2항	기본대화
기다리다	5과	4항	문법
기분	5과	4항	과제
기자	1과	3항	기본어휘
김밥	4과	3항	기본어휘
김치	3과	1항	문법
김치찌개	4과	3항	기본어휘
깨끗하다	3과	3항	기본어휘
께서	3과	2항	기본어휘

ㄴ

나	3과	2항	기본어휘
나가다	4과	1항	기본어휘
나라	1과	2항	기본대화
나쁘다	2과	2항	기본어휘
날	5과	2항	과제
날마다	3과	1항	과제
날씨	2과	2항	기본어휘
날짜	5과	2항	기본어휘
남	3과	2항	기본어휘
남동생	3과	2항	기본어휘
내년	5과	4항	기본어휘
내려오다	4과	1항	기본어휘
내리다	5과	3항	기본어휘
내일	4과	1항	문법
내일	5과	2항	기본대화
내일	5과	4항	기본어휘
냉면	4과	3항	기본어휘
냉장고	2과	3항	과제
넓다	3과	3항	기본어휘
네	1과	1항	기본대화
넷	3과	2항	기본대화
넷	3과	2항	기본어휘
년	5과	2항	기본어휘
노래	3과	1항	기본어휘
노래하다	3과	1항	기본어휘
놀다	4과	2항	문법
누구	1과	4항	기본대화
누나	3과	2항	기본대화
누나	3과	2항	기본어휘

ㄷ

다리	4과	4항	문법
다섯	3과	2항	기본어휘
다음	5과	4항	기본어휘
다음 달	5과	4항	기본어휘
다음 주	5과	4항	기본어휘
닦다	5과	3항	기본어휘
단어	4과	4항	문법
달	5과	4항	기본어휘
달다	4과	2항	기본어휘
달력	2과	2항	기본대화
달력	2과	2항	기본어휘
닭갈비	4과	3항	기본어휘
대학교	3과	3항	과제
대학생	1과	3항	기본대화
더럽다	3과	3항	기본어휘
덥다	3과	3항	기본어휘
도서관	2과	3항	기본대화
독일	1과	2항	기본어휘
돈	2과	1항	기본어휘
돕다	5과	4항	문법
동생	3과	2항	기본어휘
된장찌개	4과	3항	기본어휘
둘	3과	2항	기본어휘
뒤	2과	3항	기본어휘
드리다	4과	4항	기본대화
드시다	3과	2항	기본어휘

여기	2과	1항	과제
여덟	3과	2항	기본어휘
여동생	3과	2항	기본어휘
여름	3과	3항	과제
여섯	3과	2항	기본어휘
여행	5과	2항	과제
역	2과	4항	기본대화
역사학	3과	4항	기본어휘
연필	2과	1항	기본어휘
열	3과	2항	기본어휘
열다	4과	2항	문법
열쇠	2과	1항	기본어휘
영국	1과	2항	기본어휘
영문학	3과	4항	기본어휘
영어	3과	4항	기본어휘
영화	3과	1항	문법
옆	2과	3항	기본어휘
예쁘다	3과	3항	기본어휘
오	4과	4항	기본어휘
오늘	4과	1항	과제
오늘	5과	4항	기본어휘
오다	1과	4항	기본어휘
오다	4과	1항	기본어휘
오렌지	4과	4항	문법
오빠	3과	2항	기본어휘
오십	5과	1항	기본어휘
오전	5과	1항	기본어휘
오후	5과	1항	기본어휘
올라가다	4과	1항	기본어휘
올해	5과	4항	기본어휘
옷	2과	3항	과제
옷걸이	2과	2항	기본어휘
왔습니다	1과	2항	과제
외국	4과	3항	과제
외국인	4과	2항	기본대화
외할머니	3과	2항	기본어휘
외할아버지	3과	2항	기본어휘
요일	4과	4항	기본대화
요일	5과	2항	기본어휘
요즘	5과	5항	정리
우리	2과	4항	문법
우리	3과	2항	과제
우유	2과	3항	과제
우체국	2과	3항	기본어휘
운동	3과	1항	기본어휘
운동장	5과	4항	문법
운동하다	3과	1항	기본어휘
원	5과	1항	기본어휘
월	5과	2항	기본대화
월	5과	2항	기본어휘
위	2과	3항	기본어휘
육	4과	4항	기본어휘
육십	5과	1항	기본어휘
은행	2과	3항	기본대화
은행원	1과	3항	기본어휘
을/를	1과	3항	과제
음식	4과	1항	과제
음악	3과	1항	과제
의사	1과	3항	기본어휘
의자	2과	2항	기본어휘
의학	3과	4항	기본어휘
이	2과	1항	문법
이	4과	4항	기본어휘
이	5과	3항	기본어휘
이것	2과	1항	기본대화
이름	1과	1항	기본어휘
이번	5과	2항	과제
이번	5과	4항	기본어휘

ㅈ